Paul Ferrini

Die Entdeckung des inneren Christus

Paul Ferrini

Die Entdeckung des inneren Christus

AURUM

Die amerikanische Originalausgabe erschien unter dem Titel
„I am the Door" bei Heartways Press,
P. c. Box 99, Greenfield, MA 01302 USA.
E-Mail: heartway@crocker.com
Website: www.paulferrini.com

Ins Deutsche übersetzt von Christine Bendner

Umschlaggestaltung und Kalligraphie: Jutta Kümpfel

Die Deutsche Bibliothek – CIP-Einheitsaufnahme
Ein Titeldatensatz für diese Publikation ist bei der
Deutschen Bibliothek erhältlich.

www.weltinnenraum.de

2. Auflage 2003
ISBN 3-89901-469-3
© 1999 Paul Ferrini
© der deutschen Ausgabe Aurum in
J. Kamphausen Verlag GmbH, Bielefeld
Satz: Silke Hornburg, Uehrde
Gesamtherstellung: Westermann Druck Zwickau GmbH

Inhalt

Das Geschenk 7
Du bist die Tür 13
Von Herz zu Herz 39
Das Geschenk weitergeben 63
Im Dienst der Liebe 75
Fülle und Gnade 89
Das Königreich Gottes 101
Wunder und spirituelle Praxis 113
Der Mythos des Bösen 123
Wunden heilen 131
Liebe ohne Bedingungen 145
Wahre und falsche Propheten 155
Für die Wahrheit einstehen 173
Die Form und das Formlose 183
Im Hier und Jetzt leben 195
Die offene Tür 213

Das Geschenk

Gott gab dir ein Geschenk mit auf deine Reise – ein einziges Geschenk. Er sagte: „Mein Sohn, vergiss nicht, dass du dich jederzeit eines anderen besinnen kannst." Er sagte nicht: „Geh nicht fort, mein Sohn." Er sagte auch nicht: „Mein Sohn, es wird dir schrecklich ergehen, bis du zu mir zurückkehrst." Er sagte einfach: „Denk daran, du kannst es dir jederzeit anders überlegen."

Du kannst jeden schmerzlichen und rachsüchtigen Gedanken verändern. Du kannst jeden Gedanken in Frage stellen, der dich unglücklich macht, und einen anderen an seine Stelle setzen, der dich befreit und Freude in dein Herz einkehren lässt.

Gott sagte nicht: „Ich lasse nicht zu, dass du Fehler machst." Er sagte: „Ich vertraue darauf, dass du zurückkehrst, und ich gebe dir ein Geschenk mit, das dir den Heimweg erleichtern wird."

Deine Fehler haben für Gott keine Bedeutung. Für ihn bist du einfach ein Kind, das seine Welt erforscht und durch Versuch und Irrtum herausfindet, welche Gesetze dort gelten. Gott hat diese Gesetze nicht gemacht. Du hast sie gemacht. Aber du hast eines vergessen – das, was Gott dir mit seinem Segen auf den Weg gegeben hat. Er sagte: „Wo immer deine Reise dich auch hinführt, mein Sohn, vergiss nie, dass du dich jederzeit anders besinnen kannst." Durch einen einzigen liebevollen Gedanken lässt er das, was du als endgültig betrachtest, zu etwas Vorübergehendem werden.

Du hast die Asche des Todes erschaffen, er erschuf die Flügel des Phönix. Auf jeden verzweifelten Gedanken, den du denken kannst, gibt Gott eine einzige Antwort: „Denke daran, mein Sohn, du kannst es dir jederzeit anders überlegen." Wie Prometheus hast du versucht, den Göttern das Feuer zu stehlen. Aber Er hat dich nicht dafür bestraft. Er hat dich nicht an den Felsen gekettet, um dich in alle Ewigkeit mit den Geiern als einzigen Gefährten dort ausharren zu lassen. Er sagte: „Nimm das heilige Feuer, mein Sohn, aber sei vorsichtig und vergiss nie, dass du dich jederzeit eines anderen besinnen kannst."

Wie Adam und Eva weiltest du im Garten Eden und warst neugierig. Du wolltest wissen, was es mit Gut und Böse auf sich hat. Als Er sah, dass dein Verlangen nach Wissen nicht einfach vergehen würde, schickte Er die heilige Schlange mit einem Apfel zu dir und lud dich ein, davon zu kosten. Im Gegensatz zur weitverbreiteten Meinung hat Er dich nicht dazu verführt zu sündigen, um dich dann aus dem Paradies zu vertreiben. Er sagte nur: „Sei vorsichtig, mein Sohn. Wenn du diese Frucht isst, wird sich deine Wahrnehmung der Welt verändern. Dieser Paradiesgarten wird dir vielleicht plötzlich wie eine Wüste vorkommen, in der nichts wächst. Dein Körper in seiner unschuldigen Anmut mag dir plötzlich als Hort dunkler Triebe erscheinen, derer du dich schämst. Dein Geist, der jetzt noch jeden meiner Gedanken teilt, wird dann Gedanken produzieren, die im Widerspruch zu den meinen stehen. Du wirst in einer Welt der Dualität leben und unter dem Gefühl der Trennung leiden. All das kann geschehen, wenn du diesen winzigen Bissen zu dir nimmst – aber vergiss nicht, mein Sohn, du kannst dich jederzeit eines anderen besinnen."

Gott verurteilt dich nicht für deine Fehler, er macht sich nicht einmal Gedanken darüber. Er weiß, dass sich das Kind an der offenen Flamme verbrennen kann. Er weiß aber auch, dass es schließlich lernen wird, achtsam mit dem Feuer umzugehen. Es wird lernen, das Feuer zu nutzen, um sich zu wärmen und seinen Weg zu erleuchten.

Er weiß, dass dich deine Entscheidung „zu wissen" in gefährliche Situationen bringen wird. Situationen, in denen du glaubst, dein Glück hinge davon ab, wie andere dich behandeln, Situationen, in denen du vergisst, dass du keineswegs nur ein verletzlicher Organismus in einer kargen, feindlichen Umwelt bist. Er weiß, dass du deine Herkunft vergessen wirst und dass es Zeiten geben wird, in denen das Paradies nur noch eine ferne, unwirkliche Erinnerung zu sein scheint. Er sieht Zeiten kommen, in denen du Ihn für all deine Schwierigkeiten und Probleme verantwortlich machen und vergessen wirst, dass du selbst „es wissen" wolltest. Aber all das macht Ihm keine Sorgen. Denn bevor du dich auf deinen Höllentrip in die Trennung begeben hast, sagte er: „Einen Augenblick, mein Sohn. Es kann lange dauern, bis wir uns wiedersehen. Würdest du dieses Geschenk zur Erinnerung an mich mitnehmen, wohin du auch gehst?" Die meisten von euch erinnern sich nicht daran, dass sie „ja, Vater" geantwortet haben. Aber ich kann euch versichern, dass das eure Antwort war. Und so begleitete euch die Stimme Gottes auf eurem Weg ins Exil. Und sie ist noch heute bei euch.

Wenn du dich also verloren und verlassen fühlst, wenn du vergessen hast, dass es dein Wunsch war, diese Reise zu machen, dann denke an Seine Worte: „Du kannst dich jederzeit anders besinnen." Ich bin hier, um dir zu helfen und dich daran zu erinnern. Das Geschenk kommt nicht von mir, sondern von Gott. Weil ich das Geschenk von ihm empfangen habe, kann ich es an dich weitergeben. Und wenn du es von mir annimmst, kannst du es an deinen Bruder oder deiner Schwester weitergeben. Aber hüte dich davor, dich an die Identität des Überbringers zu klammern. Ich bin nicht wichtig. Ich bin nicht das Geschenk. Ich bin nur derjenige, der es weitergibt – genau wie du. Erinnern wir uns daran, woher das Geschenk kommt, damit wir es frei und unbefangen geben und annehmen können.

Gott hat dir das Geschenk der Vergebung gemacht. Dieses Geschenk begleitet dich, wohin du auch gehst. Und wenn du nicht mehr darauf vertraust, schickt Er dir Seinen Sohn, um dich an dieses Geschenk zu erinnern. Viele Lichtwesen kamen als Christus auf diese Erde, um euch diese einfache Erinnerungshilfe zu geben. Alle dienen dem gleichen Ziel, denn Christus ist keine Person, sondern der Hüter der Flamme, der Überbringer des Geschenks, ein Botschafter der Liebe. Er strahlt Licht aus, weil er sich in der Dunkelheit der Welt an das Licht erinnert hat. Er strahlt Liebe aus, weil er das Geschenk entgegengenommen und gelernt hat, es ohne Bedingungen an alle weiterzugeben, die bereit sind, es anzunehmen.

Du bist die Tür

Du hast mich sagen hören: „Ich bin der Weg, die Wahrheit und das Leben." Das gilt aber auch für dich. Die Wahrheit, der Weg zum Göttlichen, das Leben des Zeugen, führen mitten durch dein Herz. Es gibt keinen Weg, keine Wahrheit und kein Leben ohne dich.

◆

Du hast deinen Blick so starr auf meine Herrlichkeit gerichtet, dass du deine eigene Herrlichkeit aus den Augen verloren hast. Du hast vergessen, dass die Welt nur durch dich Vergebung erlangen kann.

◆

Hole mich von diesem Podest herunter, mein Bruder, meine Schwester, und stelle mich an deine Seite, denn da gehöre ich hin. Wir sind absolut und ohne Einschränkung gleich. Was ich getan habe, kannst auch du tun.

◆

Du wirst nicht durch meine Gedanken und Taten gerettet, sondern durch deine eigenen. Solange du nicht zum Christus wirst, wird kein Frieden auf der Welt herrschen.

Du bist nicht das Opfer dieser Welt, sondern derjenige, der den Schlüssel zur Freiheit in der Hand hält.

In deinen Augen leuchtet der göttliche Funke, das Licht, das alle Wesen aus der Dunkelheit der Angst und des Misstrauens herausführt. In deinem Herzen wohnt die Liebe, welche alle Wesen des Universums hervorgebracht hat. Deine Essenz ist unzerstörbar, heil, dynamisch und kreativ. Sie wartet nur darauf, dass du auf sie vertraust.

◆

Weder Maria noch ich sind spiritueller als du. Wir sind in jeder Hinsicht genau wie du. Dein Schmerz ist unser Schmerz. Deine Freude ist unsere Freude. Wenn das nicht so wäre, könnten wir nicht kommen, um euch zu lehren.

Halte uns nicht auf Abstand. Umarme uns als Wesen, die dir gleich sind. Maria hätte deine Mutter sein können. Ich hätte dein Sohn sein können.

◆

Wenn du an mich denkst, dann halte dich nicht mit den „Wundern" auf, die ich getan habe. Die Macht der Liebe wird Wunder in deinem Leben wirken, die denen, die mir zugeschrieben werden, in nichts nachstehen. Denn die Liebe ist das einzige Wunder, das diesen Namen verdient.

Wir sollten nicht uns selbst zugute halten, was die Liebe bewirkt hat oder bewirken wird. Die Ehre gebührt dem Einen, der uns bedingungslos geliebt hat, lange bevor wir wussten, was Liebe ist oder was ihre Abwesenheit für uns bedeuten würde.

◆

Du bist eine Facette im funkelnden Juwel der göttlichen Liebe und Gnade. Die Schönheit einer Facette beeinträchtigt die Strahlkraft einer anderen nicht, sondern verstärkt sie nur noch. Das, was eine Facette erstrahlen lässt, ist auch allen anderen zugänglich. Das Licht, das in mir ist, ist auch in dir.

◆

Ich gebe dir eine lebendige Lehre, kein System aus abstrakten Glaubenssätzen. Mir zu folgen bedeutet mehr als meine Worte zu predigen. Es bedeutet, meinem Beispiel zu folgen. Nimm dir ein Beispiel an mir – nicht um mich anzubeten, sondern um zu verstehen, was auch dir möglich ist.

◆

Niemand wird Liebe zurückweisen, wenn sie bedingungslos gegeben wird. Und wer soll sie geben, wenn nicht du, mein Bruder, meine Schwester? Heute trinkst du aus der Quelle meiner Liebe, bis dein Durst gelöscht ist. Morgen wirst du selbst die Quelle sein.

Mit mir kommunizieren

Jeder von euch hat die Möglichkeit, eine persönliche Beziehung zu mir herzustellen. Diese Beziehung beginnt einfach dadurch, dass du sie wünschst und darauf vertraust. Der einfache und aufrichtige Wunsch, Freundschaft mit mir zu schließen, ist alles, was dazu nötig ist.

Der Wunsch, mit mir zu kommunizieren, ist eine wesentliche Voraussetzung dafür, dass sich die Tür zu meiner Gegenwart öffnen kann. Ich bin dir so nah, wie du mich haben willst. Das ist so, weil ich bereits ein Gedanke in deinem Kopf bin. Und alles, was ich bin, entspringt diesem Gedanken, genau so wie alles, was ich nicht bin, einem anderen Gedanken entspringt.

◆

Ich bin ein Gedanke ohne Begrenzung, denn ich dehne mich unendlich in der Formlosigkeit Gottes aus. Keine Form kann mich fassen. Ich habe mich in vollkommener Vergebung mit Gott vereint. Ich bin frei von Schuld. Ich bin frei von Schmerz und Leid. Ich glaube nicht, dass man mir Unrecht tun kann. Und ich glaube auch nicht, dass ich die Macht habe, einem anderen Menschen Unrecht zu tun.

◆

Durch deine Gedanken wählst du, mit mir zu gehen oder dich von mir zu entfernen. Wenn du sein willst wie ich, musst du lernen zu denken wie ich. Gedanken, die nicht hilfreich sind, müssen liebevoll angeschaut und sanft losgelassen werden. Dann bleiben nur segnende Gedanken übrig, Gedanken, die dich an die Wahrheit erinnern.

◆

Ihr alle seid Meister im Verdrehen der Wahrheit. Aber nur, weil ihr sie verdreht habt, hört die Wahrheit nicht

auf, wahr zu sein. Es ist euch lediglich gelungen, die
Wahrheit vor euch selbst zu verbergen.

◆

Meine Lehre wurde verfälscht und wird auch in
Zukunft verfälscht werden, weil sie eine Bedrohung
für jeden falschen Gedanken darstellt. Deshalb bitte
ich euch, wachsam zu sein. Ein einziger falscher
Gedanke kann den Geist, der ihn denkt, in Verzweiflung stürzen. Aber ein einziger wahrer Gedanke
bringt euch zurück ins Königreich.

Die Tür zur Wahrheit

Die Wahrheit ist eine Tür, die immer offen steht. Du
kannst diese Tür nicht schließen, aber du kannst
beschließen, nicht einzutreten. Du kannst in die ent-
gegengesetzte Richtung gehen, aber du kannst niemals sagen: „Ich habe versucht einzutreten, aber die
Tür war verschlossen." Die Tür ist niemals verschlossen – weder für dich noch für irgend einen
anderen Menschen.

◆

Es ist nicht nötig, Gott zu suchen, denn Gott ist bereits
da. Er ist die Essenz dessen, was du bist. Du brauchst
nichts weiter zu tun, als alle Urteile und Gedanken
loszulassen, die dich und andere nicht segnen. Dann
lüftet sich der Schleier und nur Gott bleibt.

Wenn die Illusionen aufgegeben werden, zeigt sich die Wahrheit. Wenn die Trennung aufgehoben wird, kommt die ursprüngliche Einheit zum Vorschein. Wenn du aufhörst vorzugeben, dass du bist, was du nicht bist, kann dein wahres Wesen erkannt werden.

Christus ist der Freund

Der Freund ist der Christus in dir. Es spielt keine Rolle, wie du ihn nennst. Der Freund ist derjenige, dem dein höchstes Wohl am Herzen liegt. Er ist es, dem auch das höchste Wohl aller anderen am Herzen liegt. Der Freund ist derjenige, der frei von Urteilen ist, der dich und jeden anderen Menschen bedingungslos akzeptiert. Dieser Freund wohnt in jedem Geist, in jedem Herzen. Der Freund ist die verkörperte Liebe. Er hat viele Namen und Gesichter. Gott und der Freund sind immer eins. Wenn du dich dem Freund im Innern näherst, hört Gott deine Schritte.

Der Schöpfungsfunke

Der ursprüngliche Schöpfungsfunke ist auch jetzt in deinem Herzen und deinem Geist präsent. Er gehört dir und kann dir nie abhanden kommen. Wohin dein Leben dich auch führen mag, wie weit du auch vom Wege abkommst, du kannst den göttlichen Funken in deinem eigenen Bewusstsein nicht auslöschen. Er war und ist Gottes Geschenk an dich.

Du kannst das Geschenk vergessen, aber du kannst es nicht zurückgeben. Du kannst es ignorieren oder verleugnen, aber du kannst es nicht rückgängig machen. Je tiefer die Dunkelheit, durch die du gehst, desto deutlicher wird dieser winzige Funke sichtbar. Wie ein Leuchtfeuer erinnert er dich an deine Essenz und deinen Ursprung.

Wenn du dir dieses Funkens bewusst bist und ihn nährst, wird sich dein inneres Licht ausdehnen. Je mehr Aufmerksamkeit du ihm schenkst, desto mehr dehnt es sich aus, bis du ganz von Licht eingehüllt bist. Dann fühlen sich selbst völlig fremde Menschen von den Strahlen der Liebe berührt, die von dir ausgehen. Dann wirst auch du zum Freund, zum Christus, zum Bruder, zur Schwester, zum mitfühlenden Wesen.

Das Licht der Wahrheit

Das Licht der Wahrheit leuchtet selbst in den dunkelsten Winkeln. Es gibt keine völlige Abwesenheit von Licht. Dunkelheit kann nur in Abhängigkeit vom Licht existieren und jede Reise durch die Dunkelheit führt unweigerlich wieder ins Licht. Wie groß dein Schmerz auch sein mag, sein Ausmaß hängt stets davon ab, wie stark du die Abwesenheit oder den Verlust der Liebe spürst. Jeder Schmerz ist eine Reise zu bedingungsloser Liebe.

◆

Du bist hier, um in die Dunkelheit einzutauchen, die du in dir selbst und anderen siehst, und dort nach dem Licht zu suchen. Wenn du das Licht erst einmal gefunden hast – wie klein und unbedeutend es auch scheinen mag –, wird dein Leben nie mehr sein wie zuvor. Ein Lichtträger stellt das Licht, das er trägt, niemals in Frage. Daher kann er es anderen geduldig und ohne Angst anbieten.

Worte und Vorstellungen

Lass alle Worte und Vorstellungen los, die dich von anderen trennen. Wenn du deinen Weg in Frieden gehen willst, musst du dein Augenmerk auf das richten, was du mit anderen gemeinsam hast, und das Trennende ausblenden. Gott kennt viele Wege, die nach Hause führen. Glaube nicht, dass denen, die einen anderen Weg gehen als du, die Erlösung versagt wird. Die Wahrheit begegnet uns in allen möglichen Formen und dennoch bliebt sie eine einfache Wahrheit. Du musst lernen, die Wahrheit in jeder Form und in jeder Situation zu erkennen.

Die Sprache der Liebe

Der Ausdruck deiner Liebe ist unabhängig von dem, was du glaubst. Die Sprache der Liebe ist keine Sprache der Worte. Worte und Vorstellungen werden dein Herz nicht öffnen. Das vermag allein die Liebe.

Wenn Liebe in deinem Herzen ist, tut sich der Weg vor dir auf. Du handelst spontan. Dann gibt es keine Befangenheit, keine Ambivalenz, kein Zögern und Zaudern. Denn all das hat nichts mit Liebe zu tun.

Spiritualität

Spiritualität und Religion sind nicht unbedingt das gleiche. Religion ist die äußere Form, Spiritualität ist der Inhalt. Religion ist die Hülle, Spiritualität ist der Samen. Religion ist ein System von Glaubenssätzen, Spiritualität ist fortwährende Erfahrung.

◆

Spirituell zu sein bedeutet zu sehen ohne zu urteilen. Es bedeutet, nicht nur mit den Augen zu sehen, sondern auch mit dem Herzen. Wenn du mit dem Herzen schaust, wirst du das Schöne überall erkennen, selbst mitten im Leid. Immer wenn ein Herz von der Eindringlichkeit des Lebens berührt wird, ist Schönheit da. Im Regen ist Schönheit und in den Wolken – genau wie im Sonnenschein. Im Alleinsein findest du Schönheit ebenso wie im Beisammensein mit anderen, im Lachen genau wie im Weinen.

Gottes Kinder

Du bist Gottes Kind, genau wie ich. Alles, was im Hinblick auf Gott gut und wahr ist, ist auch im Hinblick auf dich gut und wahr. Wenn du das nur einen einzigen Augenblick lang akzeptieren könntest, würde sich dein Leben von Grund auf verändern. Wenn du es in bezug auf deinen Bruder oder deine Schwester akzeptieren könntest, würden sich sämtliche Konflikte zwischen euch mit einem Schlag auflösen.

◆

In euren Beziehungen habt ihr eine einfache Wahl: Ihr könnt den anderen für unschuldig halten oder ihn für schuldig erklären. Diese Wahl müsst ihr immer wieder treffen – jeden Tag, jede Stunde, in jedem Augenblick. Mit jedem Gedanken sperrt ihr euch entweder gegenseitig ein, oder ihr befreit euch. Und wie ihr über andere urteilt, so urteilt ihr auch über euch selbst.

◆

Jedes Urteil, das du über deinen Bruder oder deine Schwester fällst, zeigt dir ganz deutlich, was du an dir selbst nicht akzeptieren kannst. Einen Menschen, der dich nicht an dich selbst erinnert, wirst du niemals verurteilen oder ablehnen.

Fehler

Das Erkennen deiner Fehler ist ein Geschenk, denn es gibt dir die Möglichkeit, zu korrigieren oder wieder gut zu machen, was du falsch gemacht hast. Indem du deine Fehler rechtfertigst, hältst du an ihnen fest und zwingst dich, deine Handlungsweise immer wieder vor anderen zu verteidigen. Das kostet eine Menge Zeit und Kraft und kann, wenn du nicht aufpasst, dein ganzes Leben beherrschen. Gib deine Fehler zu und befreie dich damit von Schmerz, Kampf und Illusion. Jeder Fehler ist korrigierbar.

◆

Es ist nicht so schlimm, einen Fehler zu machen. Du verlierst dadurch weder die Liebe noch die Akzeptanz der anderen. Das passiert eher, wenn du darauf beharrst, im Recht zu sein, obwohl du im Unrecht bist, denn stures Beharren verhindert eine Korrektur oder Wiedergutmachung. Übe dich in Demut, mein Freund. Wie kannst du einen Fehler korrigieren, wenn du nicht zugibst, dass du ihn gemacht hast? Gib deinen Fehler zu und die Dinge kommen ins Lot. Das ist der Weg, den ich dir gezeigt habe.

Vergeben statt anzuklagen

Fehler sind Lernchancen. Indem du deine Schwester verurteilst, weil sie Fehler macht, gibst du vor, selbst ohne Fehler zu sein, aber das ist nicht der Fall. Ich habe euch schon einmal gefragt und nun frage ich wieder: „Wer von euch wirft den ersten Stein?" Anstatt deine Schwester für ihre Fehler zu verurteilen, sollst du sie von deinem Urteil entbinden und sie lieben. Damit gelangt sie auf eine Ebene, wo es nur Liebe gibt, auf eine Ebene jenseits aller Verurteilung.

Wer andere ins Unrecht setzt, lehrt, dass es Schuld gibt, und festigt die Vorstellung, dass Bestrafung notwendig ist. Wer nicht urteilt, lehrt Liebe und demonstriert Vergebung. Einfach ausgedrückt: Es ist nie richtig, andere ins Unrecht zu setzen, und nie falsch, nicht zu urteilen. Um recht zu haben, musst du das Rechte tun. Es ist nicht möglich, auf lieblose Art und Weise zu lieben. Du kannst nicht im Recht sein, wenn du das angreifst, was du für Unrecht hältst.

◆

Wenn die weltlichen Angelegenheiten allzu belastend für dich werden, solltest du an einem stillen Ort Zuflucht suchen. Lass deine Sorgen und Zukunftsängste los. Lass die Schuldgefühle los, die du in bezug auf alles hegst, was du in der Vergangenheit gesagt oder getan hast. Lass dein Herz heil werden. Dann kannst du an Menschen, die du schlecht behandelt hast, Wiedergutmachung leisten. Lerne aber zunächst, dir selbst zu vergeben. Was du auch gesagt oder getan haben magst, du hast es nicht verdient zu leiden. Dein Leiden wird weder die Hungrigen satt machen noch die Kranken heilen. Vergib und kehre mit klarem Blick und gestärktem Herzen in deinen Alltag zurück. Wenn du dich von Schuld befreist, kommt das nicht nur dir selbst zugute, sondern auch all denen, die deine liebevollen Taten und dein mitfühlendes Verstehen brauchen.

Das Böse ist eine Illusion

Kein Mensch wird böse geboren. Nimm irgendein Baby, liebe es, nähre es und gib seiner Seele Flügel. Dann wird es ein Leuchtfeuer der Liebe sein. Indem du demselben Baby jedoch Liebe vorenthältst und es immer nur entmutigst, legst du die Samen der Unzufriedenheit. Kein einziges von Gottes Kindern ist schlecht. Im schlimmsten Fall ist es ein verletzter Mensch, der andere Menschen angreift und ihnen die Schuld an seinem Schmerz gibt. Aber er selbst ist nicht schlecht.

Ja, so tief muss dein Mitgefühl gehen. Es gibt kein menschliches Wesen auf dieser Erde, das deiner Vergebung nicht wert ist. Es gibt kein menschliches Wesen, das deine Liebe nicht verdient hat.

Das Gesetz der Gleichheit

Vergiss nicht: Dein Wohl und das Wohl deines Bruders oder deiner Schwester sind ein und dasselbe. Du kannst im Leben nicht weiterkommen, indem du andere verletzt, aber genauso wenig kannst du anderen dadurch helfen, dass du dich selbst verletzt. Jeder Versuch, diese einfache Gleichung zu ignorieren, führt zu Leid und Verzweiflung.

Nimm dein Wohl und das Wohl anderer gleich wichtig. Opfere dich nicht für andere auf, aber verlange auch nicht, dass sich irgend jemand für dich aufopfert. Hilf anderen, wenn du kannst, und nimm ihre Hilfe dankbar an. Mehr als das ist zuviel. Weniger ist zuwenig.

Das Gesetz der Spiegelung

Jedes Mal, wenn du einen anderen Menschen angreifst, verstärkst du dein eigenes Schuldgefühl. Deshalb ist Gewaltlosigkeit so hilfreich. Es gibt nur einen Menschen, dem du vergeben musst, und das bist du selbst. Du bist der Richter. Du bist die Geschworenenversammlung. Und du bist der Gefangene.

◆

Ein Geist, der seine eigene Güte erkennt, ist frei von Leid und Konflikt. Und wenn du deine eigene Güte erkannt hast, kannst du sie nur aufrechterhalten, indem du sie auf andere ausdehnst.

Was dir widerfährt

Wie du deine Erfahrungen interpretierst, ist von großer Bedeutung. Empfindest du sie als Segen oder als Bestrafung? Diese Frage musst du dir unablässig stellen.

◆

Du kannst all deinen Erfahrungen eine spirituelle Qualität geben, indem du Liebe, Annahme oder Vergebung hineinbringst. Selbst eine unheilbare Krankheit, eine Vergewaltigung oder ein Mord kann durch die Macht deiner Liebe transformiert werden.

◆

Alles, was dir widerfährt, geschieht aus einem einzigen Grund: um dein Bewusstsein zu erweitern. Alle anderen Bedeutungen, die du deinen Lebenserfahrungen vielleicht gibst, sind nur deine Erfindungen. Wenn du die Welt in ihrer absoluten Neutralität sehen kannst, wirst du verstehen, dass sie nur ein Übungsfeld für deinen Lernprozess ist.

Der Hüter deines Bruders

Immer, wenn du dein Herz für einen anderen Menschen öffnest, öffnest du es auch für mich. Es gibt keinen Menschen, den ich nicht liebe. Ich schaue in die Seele des Kriminellen ebenso hinein wie in die seines Opfers. Ich sehe, wie beide nach Liebe und Annahme schreien, und ich werde sie ihnen nicht verweigern. Sei nicht schockiert darüber, dass ich von dir das gleiche verlange, denn du bist meine Hände, meine Füße und meine Stimme in der Welt.

◆

Mit mir zu gehen heißt, Gott und den Menschen gleichermaßen zu dienen. Du dienst dem Menschen, indem du ihm zeigst, dass Gott sich an ihn erinnert und für ihn sorgt. Du bringst ihm Essen und Trinken und tröstest ihn in seinem Leid. Du umarmst ihn und erlaubst ihm, seinen Kopf an deine Schulter zu legen. Du ermutigst ihn zu weinen, wenn er sich von seinen Eltern, seinen Kindern, seinem/seiner Geliebten und Gott verlassen fühlt. Und wenn er weint, tröstest du ihn. Denn wie lange ist es her, dass du dich verlassen fühltest und heiße Tränen des Schmerzes und des Bedauerns geweint hast?

Das ist die Essenz der menschlichen Erfahrung. Es ist nur natürlich, dass du Mitgefühl für deinen Bruder oder deine Schwester empfindest. Denn du teilst seine/ihre Erfahrung des Leidens und der Befreiung.

◆

Es liegt in deiner Verantwortung, dich selbst zu achten und gut für dich zu sorgen. Nichts, womit du dich selbst würdigst, kann einen anderen Menschen verletzen. Doch wenn du egoistisch handelst und dein eigenes Wohl über das Wohl anderer stellst, ziehst du Konflikte und Ablehnung an. In dieser Beziehung ist die Welt hart. Ein Mensch, der andere ausbeutet, wird vielleicht gefürchtet, aber er wird nicht geliebt. Wenn sich das Blatt einmal wendet – was unweigerlich geschehen wird – werden die anderen ihn nur allzu bereitwillig von Sockel stoßen.

◆

Nur dadurch, dass du den Wert anderer anerkennst, wird dein eigener Wert bestätigt. Wenn du deine Liebe zurückhältst, versagst du diesen Segen nicht nur deinem Feind. Du versagst ihn auch dir selbst.

◆

Es gibt keinen Bruder und keine Schwester, der oder die deiner Liebe nicht wert ist. Wenn du anderer Meinung bist, bist du noch nicht vollständig erwacht.

◆

Wenn du einmal erfahren hast, wie es sich anfühlt, das Glück eines anderen Menschen genauso wichtig zu nehmen wie dein eigenes, kannst du lernen, diese Erfahrung auf immer mehr Menschen auszudehnen. Du kannst dich darin üben, selbstlos etwas für andere zu tun, ohne eine Gegenleistung zu erwarten.

Wenn du gibst, ohne an eine Gegenleistung zu denken, manifestiert sich das Gesetz der Gnade durch dich. Du wirst zum Medium, durch welches sich Gottes Liebe in dieser Welt zum Ausdruck bringt.

Echtes Geben ist ein Überfließen deiner Liebe. Du hast nicht das Gefühl, dich zu verausgaben, wenn du auf diese Weise gibst. Im Gegenteil, du fühlst dich gestärkt, weil die Liebe, die du gibst, über die Dankbarkeit der Menschen, deren Herzen du berührt hast, zu dir zurückkehrt.

Deine Feinde lieben

Deine Angst ruft unbewusste Ängste in anderen wach, und ihre Angst ruft unbewusste Ängste in dir wach. Oft glaubst du, dass diese Menschen dich daran hindern, die Liebe zu bekommen, nach der du dich sehnst. Aber in Wirklichkeit sind sie die Tür zu dieser Liebe.

Dein Feind ist in Wirklichkeit dein Verbündeter. Wenn du deinem Feind Liebe entgegenbringst, schließt du nicht nur mit ihm oder ihr Frieden, sondern auch mit dir selbst.

◆

Es fällt dir leicht, deinen Freund zu lieben, denn meistens stimmt dein Freund dir zu und unterstützt dich. Es ist also nicht schwer, ihn zu lieben.

Dein Feind stimmt dir nicht zu. Er ist überzeugt, dass du Unrecht hast. Er sieht deine Schwächen und tut, was er kann, um sie auszunutzen. Wenn du einen blinden Fleck hast, kannst du dich darauf verlassen, dass er ihn entdeckt.

Dein Feind spiegelt dir alles, was du an dir selbst nicht magst. Er zeigt dir genau, wo deine Ängste und Unsicherheiten liegen. Nur jemand, der dir auf diese Weise Widerstand bietet, kann ein wirklich guter Lehrer für dich sein. In dem Maße, in dem du bereit bist, deinen Feind zu lieben, bist du auch bereit, dir sämtliche dunklen Winkel in dir selbst anzuschauen. Dein Feind ist ein Spiegel, in den du so lange hineinschaust, bis das wütende Gesicht, das du darin erblickst, zu lächeln beginnt.

◆

Frieden wird nicht durch die Übereinstimmung von Egos erreicht, weil Egos niemals übereinstimmen können. Frieden kehrt ein, wenn Liebe und Respekt vorhanden sind. Dann wird dein Feind zu einem Freund, der sich nicht fürchtet, anderer Meinung zu sein als du. Du hast keine Veranlassung, ihn aus deinem Herzen zu verbannen, nur weil er die Dinge anders sieht als du. Statt dessen hörst du dir aufmerksam an, was er zu sagen hat.

Die Konflikte zwischen Menschen basieren auf einer ganz offensichtlichen Tatsache, nämlich dass ein Mensch den Wert des anderen schmälert. Eine Seite betrachtet die andere als weniger wert als sich selbst. Solange Menschen, die unterschiedlicher Meinung sind, sich gegenseitig auf diese Weise wahrnehmen, können sie keine Einigung erzielen, noch nicht einmal über die unbedeutendsten Kleinigkeiten. Doch wenn sie sich mit Achtung begegnen und gegenseitig akzeptieren, können sie selbst die schwierigsten Probleme lösen.

Zu sich selbst stehen

Angriffe sind möglich, weil du die Menschen, die du angreifst, in ihrem Wert herabminderst. Ich fordere dich zwar auf, alle Handlungen, die dir oder anderen gegenüber respektlos, verletzend oder rücksichtslos sind, entschieden zurückzuweisen, aber ich bitte dich, dies auf eine Weise zu tun, die deutlich macht, dass du die Menschen achtest, auch wenn du ihre Handlungen ablehnst. Denn auch sie sind deine Brüder und Schwestern.

◆

Dein Bruder will im Grunde nur Liebe, aber er weiß nicht, wie er darum bitten soll. Er weiß nicht einmal genau, was Liebe ist. Also verlangt er nach Geld, Sex oder irgend etwas anderem. Er versucht, dich zu manipulieren, um zu bekommen, was er will. Natürlich willst du nicht manipuliert werden. Also sagst du nein zu seinen Forderungen, aber du verbannst ihn nicht aus deinem Herzen. Weder verurteilst du ihn noch wendest du dich innerlich von ihm ab. Als Antwort auf seine angsterfüllten Gedanken bietest du ihm deine Liebe an. Du sagst: „Nein, mein Freund, ich kann dir nicht geben, worum du mich bittest, aber ich werde eine Möglichkeit finden, dich auf eine Weise zu unterstützen, die uns beiden gerecht wird. Ich werde dich nicht ablehnen. Ich werde nicht so tun, als wärst du weniger wert als ich. Dein Bedürfnis nach Liebe ist genauso wichtig wie meines und ich achte es."

So spricht der Liebende zum Geliebten. Er sagt nicht: „Ich werde alles tun, was du willst." Er sagt: „Ich werde eine Möglichkeit finden, uns beide zu würdigen." Der Liebende und der Geliebte sind einander ebenbürtig. Sie sind der wechselseitige Ausdruck der Liebe.

Den Verbrecher lieben

Dein Bruder wurde tief verletzt. Er wuchs ohne Vater auf. Seit seinem neunten Lebensjahr war er drogensüchtig. Und er lebte in einer Umgebung, in der er sich nie sicher fühlen konnte. Hast du kein Mitgefühl für den verletzten Jungen in diesem Mann, der zum Verbrecher wurde? Würdest du es viel besser machen, wenn du in seiner Haut stecktest? Sei ehrlich, mein Freund. Und in dieser Ehrlichkeit findest du das Mitgefühl – wenn nicht für den Mann, dann für den Jungen, der zu diesem Mann wurde. Und ich sage dir, es ist nicht der Mann, der die Pistole abfeuert. Es ist der Junge, der hilflose Junge, der sich fürchtet. Es ist dieser kleine Junge, der sich ungeliebt und nicht akzeptiert fühlt. Es ist der verletzte Junge, der um sich schlägt, nicht der Mann. Lass dich nicht vom wütenden, abstoßenden Gesicht des Mannes täuschen. Hinter diesem harten Äußeren verbirgt sich überwältigender Schmerz und Selbsthass. Hinter dieser Maske der fehlgeleiteten Männlichkeit und Brutalität versteckt sich der Junge, der glaubt, nicht liebenswert zu sein.

Wenn du den kleinen Jungen in diesem Mann nicht annehmen kannst – wie kannst du dann den kleinen Jungen oder das kleine Mädchen in dir selbst annehmen? Seine Angst unterscheidet sich nicht von deiner.

◆

Kriminelle sind die Unberührbaren in eurer Gesellschaft. Ihr wollt euch nicht näher mit dem Leben dieser Menschen befassen. Ihr wollt nichts von ihrem Schmerz wissen. Es fällt jeder Gesellschaft schwer, sich den Schmerz ihrer Ausgestoßenen anzuschauen. Aber das ist notwendig. Wenn ihr nicht von euch aus mit den Kriminellen an ihren inneren Problemen arbeitet, wenn ihr ihnen nicht helfen wollt, sich selbst lieben und akzeptieren zu lernen, werden sie mit der gleichen Wut und mit unvermindertem Hass in die Gesellschaft zurückkehren. Eure Wohnviertel werden nicht dadurch sicherer, dass ihr mehr Gefängnisse baut oder mehr Polizisten auf Streife schickt. Im Gegenteil, diese Aktionen tragen nur zur Verschärfung der Situation bei, weil sie den Angstpegel erhöhen.

Wenn ihr wirklich helfen wollt, müsst ihr Vergebung in eure Gefängnisse und Wohnviertel tragen. Stellt mehr Lehrer, Berater und Sozialarbeiter ein. Gebt den Menschen Nahrung. Fordert sie emotional und geistig heraus. Bietet ihnen einen sicheren Raum, in dem sie erfahren können, was emotionale Verbundenheit bedeutet. Schafft Ausbildungsmöglichkeiten. Gebt ihnen Hoffnung. Akzeptiert sie. Gebt ihnen Liebe. Menschen, die andere angreifen, glauben, dass sie keine andere Wahl haben. Das ist der Schlüssel. Zeige einem Menschen seine Wahlmöglichkeiten, und er wird kein Verbrechen begehen.

Die Aussätzigen eurer Gesellschaft unterscheiden sich in nichts von den Aussätzigen meiner Zeit. Sie tragen jedermanns Wunden offen auf ihrem Körper. Gnadenlos spiegeln sie euch den Schmerz, den ihr nicht sehen wollt. Die Gesellschaft sollte ihnen dankbar sein, denn sie sind Wegweiser. Sie weisen den Weg zur Heilung, den alle Menschen beschreiten müssen.

◆

Wenn ihr die Kriminellen bekehren wollt, müsst ihr aufhören, sie zu bestrafen, und anfangen, sie zu lieben. Nichts anderes wird funktionieren. Liebe ist keine Belohnung für ein Verbrechen, sondern eine Erlösung für die Seele des Kriminellen. Liebe hilft ihm, sich an sein wahres Selbst zu erinnern. Sie hilft ihm, den Teufelskreis zu durchbrechen, in dem er sich selbst und andere entmenschlicht hat. Angesichts echter Liebe und Fürsorge wird selbst das Herz des schlimmsten Verbrechers weich.

◆

Du kannst den Hass nicht dadurch beenden, dass du ihm mit Rache begegnest. Jeder Akt der Gewalt ruft einen weiteren Akt der Gewalt hervor. Gewaltfreiheit kann nur durch Gewaltfreiheit erreicht werden. Nur eine spirituelle Lösung kann funktionieren.

◆

Indem man eine falsche Vorstellung bekämpft, gibt man ihr Energie und verstärkt sie. Das ist der Weg der Gewalt. Mein Weg ist gewaltfrei. Die Antwort zeigt sich bereits im Umgang mit dem Problem. Wer meinen Weg geht, begegnet den Leidenden mit Liebe, nicht mit Hass. Auf meinem Weg stimmt der Zweck mit den Mitteln überein.

◆

„Wie soll man mit Menschen umgehen, die anderen Leid zufügen?" Man fordert sie auf, Verantwortung für ihr Handeln zu übernehmen, ohne ihre Schuldgefühle zu verstärken. Man sagt ihnen, dass sie eine falsche Vorstellung von sich selbst haben. Aber das gilt auch für andere. Auch diejenigen, die von ihnen missbraucht, vernachlässigt oder gedemütigt wurden, wissen nicht, wer sie wirklich sind. Aber du weißt es. Und du bist bereit, sie respektvoll zu behandeln und ihnen zu helfen, ihr Leben in Ordnung zu bringen. Wenn du willst, dass ein Mensch auf liebevolle Weise handelt, musst du bereit sein, ihn zu lieben. Denn nur deine Liebe wird ihn die Bedeutung der Liebe lehren.

◆

Ein offenes Herz lädt den Geliebten ein. Es lädt den Fremden ein und sogar den Kriminellen. Ein offenes Herz ist ein Zufluchtsort, an dem alle willkommen sind. Es ist ein Tempel, in dem die Gesetze der geistigen Welt praktiziert und zelebriert werden. Es ist die Kirche, die du immer wieder betreten musst, um Erlösung zu finden.

Indem du dein Herz vor deinem Bruder verschließt, kreuzigst du ihn. Erlösung findet statt, wenn du ihm dein Herz öffnest, wenn du aufhörst, ihn für deine Probleme verantwortlich zu machen und ihn für seine Fehler zu bestrafen. Erlösung findet statt, wenn du lernst, ihn zu lieben wie dich selbst. Nur das kann zur Befreiung aus dem Gefängnis der Angst führen. Nur das!

◆

Wenn du gelernt hast, liebevoll mit der Angst anderer umzugehen, kannst du sicher sein, dass auch deine Ängste in einer mitfühlenden und liebevollen Umarmung aufgefangen werden. Dann bist du nicht mehr reaktionär oder ambivalent, sondern geduldig und beständig, denn nun weißt du, dass nur die Liebe real ist. Alles andere ist Illusion.

Liebe ohne Bedingungen

Wenn deine Liebe von der Zustimmung und Bestätigung anderer abhängig ist, gibt es nur sehr wenige Menschen, die du lieben kannst. Glücklicherweise geht Liebe viel tiefer. Wenn du bedingungslos liebst, akzeptierst du die Freiheit anderer, ihren eigenen Weg zu gehen, selbst wenn dieser Weg nicht mit deinem übereinstimmt. Du vertraust darauf, dass sie für sich selbst die beste Wahl treffen. Du vertraust auf Gottes Plan für ihr Erwachen. Du weißt, dass sie nie einen Fehler machen können, der sie von Gottes Liebe oder von deiner Liebe abschneidet.

◆

Liebe ist das einzige Wunder. Alle anderen „Wunder" sind nur der Zuckerguss auf dem Kuchen. Wirf einen Blick unter die Oberfläche des Wunders, und du wirst erkennen, dass immer ein Wandel stattgefunden hat. Angst hat sich in Liebe verwandelt, Selbstschutz in Offenheit, Verurteilung in Akzeptanz.

◆

Die Liebe sagt: „Ich akzeptiere dich, wie du bist. Dein Wohlergehen liegt mir ebenso am Herzen wie mein eigenes." Weißt du eigentlich, wie machtvoll diese Aussage ist? Jedem Menschen, dem du dich auf diese Weise näherst, bietest du nicht weniger an als Freiheit vom Leiden. Und indem du anderen dieses Freiheit anbietest, gibst du sie dir selbst.

Von Herz zu Herz

Beziehungen

Beziehungen können ein intensiver spiritueller Weg sein. Dein Partner ist nicht nur dein Freund, dein Geliebter und dein Gefährte, sondern auch dein Lehrer. Er oder sie spiegelt dir deine ganze verborgene Schönheit, aber auch die Ängste, Zweifel und Unsicherheiten, die tief in deiner Seele vergraben sind. Es gibt vermutlich keinen kürzeren Weg zu innerer Ganzheit und spirituellem Erwachen als den Weg der Beziehung.

Dennoch musst du realistisch bleiben, wenn du diesen Weg wählst. Es mag zwar Zeiten geben, in denen deine Partnerschaft harmonisch, freudvoll und frei von Leid ist. Das ist auf jeden Fall ein großartiges Ziel, auf das ihr hinarbeiten könnt. Aber es gibt mit Sicherheit ebenso oft Zeiten, in denen einer von euch (oder beide) verletzt ist und in die Defensive geht. Eure große Chance als Paar liegt nicht in eurer Fähigkeit, eurem Schmerz aus dem Weg zu gehen, sondern in eurer Bereitschaft, gemeinsam durch ihn hindurchzugehen, ohne den Partner dafür verantwortlich zu machen.

Wenn ihr diese Arbeit der inneren und äußeren Versöhnung bewältigen und dabei eure Freude und gegenseitige Wertschätzung aufrechterhalten könnt, wird es euch gelingen, eine starke und tiefe Verbindung herzustellen. In diesem Boden muss die Liebe verwurzelt sein, damit sie ihre schönste Blüte hervorbringen kann.

◆

Die Wahrheit ist, dass du mit einem anderen Menschen nur so glücklich sein kannst, wie du es mit dir selbst bist. Wenn du dich selbst magst, kann das Zusammensein mit deinem Partner deine Freude vergrößern. Wenn du dich jedoch selbst nicht leiden kannst, wird das Zusammensein mit deinem Partner deine innere Unzufriedenheit verstärken und dich noch unglücklicher machen.

Deine Entscheidung, eine Partnerschaft einzugehen, sollte weder auf Verlangen noch auf dem Wunsch beruhen, dir selbst aus dem Weg zu gehen, sondern auf der Bereitschaft, den Prozess der Selbsterkenntnis zu voranzutreiben. Wenn du mit anderen Menschen zusammenlebst, wirst du es kaum vermeiden können, ihre nicht verheilten Wunden zu berühren – und sie werden es nicht vermeiden können, die deinen zu berühren.

Es ist weder angenehm noch einfach, sich der verletzten und nicht verheilten Anteile der eigenen Persönlichkeit bewusst zu werden. Und dennoch ist es eine wichtige Etappe auf der Reise zur inneren Ganzheit.

Vielleicht kannst du die Konfrontation mit den unbewussten Aspekten deiner Psyche vermeiden, wenn du allein lebst, aber in einer Beziehung wirst du gezwungen sie anzuschauen. Eine Beziehung ist so etwas wie ein riesiger Spaten. Er gräbt sich durch die oberflächlichen Schichten des Bewusstseins und legt die tiefsten Ängste und Unsicherheiten frei.

Wenn du nicht bereit bist, dir all das ganz genau anzuschauen, solltest du deinen Wunsch nach einer intimen Beziehung vielleicht erst einmal in Frage stellen. Du kannst einem anderen Menschen nicht nahe kommen, ohne dich mit dir selbst zu konfrontieren.

◆

Eine Beziehung kann niemals das Allheilmittel für die Wunden und Traumata der individuellen Psyche sein. Sie ist bestenfalls ein Brutkasten.

Selbstbetrug

Wenn du eine Beziehung eingehst, neigst du dazu, willenlos zu werden, ähnlich wie ein Beutetier zu kämpfen aufhört, wenn es von einem Raubtier gefangen wird. Es ist eine Art „falscher Hingabe". Du gibst deine Macht an die andere Person ab.

Das emotionale Hoch einer neuen Beziehung verspricht mehr, als es je halten kann. Wenn du dich „verliebst", kannst du sicher sein, dass du dich auch wieder „entlieben" wirst. Allein der Ausdruck „verlieben" (wörtlich aus dem Englischen übersetzt: „in Liebe fallen") sollte dir klarmachen, dass diese Erfahrung etwas mit Selbsttäuschung zu tun hat.

Die ganze romantische Tradition unterstützt eine gesellschaftlich akzeptierte, fast schon institutionalisierte Form des Selbstbetrugs.

◆

Wenn du mit jemandem zusammenlebst, bevor du gelernt hast, mit dir selbst in Frieden zu leben, machst du die Beziehung zur Farce. Nur wenn du dich selbst kennst und akzeptierst, kannst du einem anderen Menschen auf gleicher Ebene begegnen.

◆

Solange du nicht bereit bist, dich selbst zu lieben, können andere dir nur Umwege und Seitenstraßen zeigen oder dir helfen, auf der Stelle zu treten. Die Zeit vergeht, aber nichts ändert sich. Der Schmerz wird nicht weniger. Das Muster des Selbstbetrugs bleibt das gleiche.

◆

Verliere dich nicht in der Welt, bevor du weißt, wer du bist, sonst ist deine Chance zu erwachen sehr gering. Die Welt wird dir nur zu gern Verantwortung übertragen und dir sagen, was du tun sollst. Andere Menschen werden nichts lieber tun, als dir eine Rolle in ihrem Drama zu geben.

Verwurzelung im Selbst

Bevor du mit einem anderen Menschen tanzen kannst, musst du in dir selbst gefestigt sein. Lerne, auf deine innere Stimme zu hören. Sprich mit deinem verletzten inneren Kind und mit deinem göttlichen Selbst. Vergib dir selbst und übe dich in Mitgefühl dir selbst gegenüber. Bleibe in deiner Erfahrung und lerne aus ihr.

Bleibe im Rhythmus deines eigenen Lebens. Sei offen für andere, aber geh nicht von deinen Weg ab, um sie zu finden. Diejenigen, die zu tanzen verstehen, werden dir auf halbem Weg entgegenkommen. Es wird kein Kampf sein.

◆

Unangemessene Beziehungen verstärken die Missbrauchsmuster der Vergangenheit. Lernen ist oft ein sehr schmerzhafter Prozess. Du kannst eine bessere Wahl treffen und solltest es auch tun. Doch um diese Wahl treffen zu können, musst du in der Lage sein, um das zu bitten, was du möchtest. Wenn du zulässt, dass dein Partner die Bedingungen für eure Beziehung diktiert, wirst du dich irgendwann in einer Situation wiederfindest, in der du nicht respektiert wirst.

◆

Du weißt, was sich gut für dich anfühlt und was nicht. Sage, was du brauchst, sprich deine Wahrheit aus und bleibe unbeirrt auf dem Weg zu deiner eigenen Heilung. Nur wenn du fest entschlossen bist, dich selbst zu achten, kannst du einen Partner anziehen, der bereit ist, das gleiche zu tun.

◆

Die meisten Beziehungen zerbrechen, sobald die Partner ihr wahres Gesicht zeigen. Das Versprechen, „in guten und in schlechten Tagen" zusammenzubleiben, ist für die meisten Menschen eine Absurdität, denn viele Paare treten vor den Altar, ohne sich überhaupt Zeit genommen zu haben, einander kennen zu lernen. Daher sollten Paare mindestens drei Jahre lang zusammengelebt haben, bevor sie eine Hochzeit in Erwägung ziehen. Viele Beziehungen würden diese dreijährige Prüfungszeit nicht überstehen.

Einen Partner wählen

Denk daran: Der Mensch, der vor dir steht, ist nicht immer der, der er zu sein scheint. Der Ritter in der schimmernden Rüstung ist vielleicht ein verkappter Sadist, der innerlich vollkommen unsicher ist. Und sie, die dir Trost und Unterstützung anbietet, könnte ein Wolf im Schafspelz sein. Versuche immer, hinter die Fassade zu schauen. Viele werden kommen und behaupten, der Mensch zu sein, nach dem du gesucht hast, aber nur einer wird der echte sein. Gewöhnlich ist es nicht derjenige, der mit viel Brimborium daherkommt. Viel öfter ist es der Einfache, der Unscheinbare, derjenige, der keine großen Worte macht und keine großartigen Geschenke verspricht, sondern einfach deine Hand nimmt und dir ohne Angst in die Augen schaut.

◆

Wähle deinen Partner gut. Einer, der zu langsam tanzt, wird dich zurückhalten. Wählst du aber einen, der zu schnell tanzt, dann könntest du dir beim Versuch, mit ihm Schritt zu halten, den Fußknöchel brechen. Suche dir eine Partnerin, die im gleichen Tempo tanzt wie du, eine, die dich ergänzt und die dir hilft, dein Potential zu entfalten. Suche dir einen Partner, den du ermutigen und unterstützen kannst. Dann könnt ihr ohne Kämpfe zusammen leben und eure Beziehung wird für euch beide ein Segen sein.

Teilen und Grenzen ziehen

In einer gesunden Beziehung sind die Partner nicht in den kreativen Prozess des jeweils anderen verstrickt. Selbst wenn sie zusammenarbeiten, finden sie eine Möglichkeit, sich gegenseitig in ihrer Autonomie zu unterstützen. Solange die beiden Partner weder diese Autonomie noch die Zeit und den Raum zu wachsen haben, werden sie sich gegenseitig missachten.

Doch Autonomie ist nur die eine Seite der Medaille. Genauso wichtig ist eine gemeinsame Vision. Die Partner müssen gemeinsame Träume, Werte und Ziele haben. Sie müssen die Vision eines gemeinsamen

Lebens haben, in dem sie sich als Paar weiterentwickeln. Ist entweder die Säule der Autonomie oder die der gemeinsamen Vision zu schwach, kann die Beziehung nicht gedeihen. Wenn die Autonomie zu kurz kommt, mangelt es dir und deinen Partner an der Herausforderung zu wachsen. Wenn die gemeinsame Vision zu schwach ist, wird auch die emotionale Verbindung zu deiner Partnerin schwächer und ihr verliert das Motiv für euer Zusammensein aus den Augen. Weder das eine noch das andere Extrem ist hilfreich. Ihr beide müsst euch sowohl als Paar als auch als Individuen ausdrücken können. In einer gesunden Partnerschaft fühlen sich die Partner dem eigenen Selbst und der Beziehung gleichermaßen verpflichtet.

◆

Es ist tragisch, wenn zwei Menschen zusammenbleiben, ohne ihre Individualität zu entwickeln, aber genauso tragisch ist es, wenn zwei Menschen zusammenbleiben, ohne je ein gemeinsames Ziel zu haben. Es kann nicht angehen, dass du deine Authentizität opfern musst, um ein gemeinsames Ziel mit einem anderen Menschen verfolgen zu können. Aber du solltest auch die gemeinsame Vision nicht opfern müssen, um dein eigenes kreatives Potential leben zu können. Diese beiden Dinge schließen einander nicht aus, im Gegenteil, sie ergänzen sich. Viele der Spannungen – und folglich auch der Herausforderungen – in Beziehungen resultieren aus dem Versuch, diese beiden Ziele in Einklang zu bringen.

Die Angst vor Nähe

Menschen, die Angst vor Liebe haben, verlangen dennoch nach ihr. Doch wenn sie ihnen begegnet, sind sie nicht in der Lage, sie anzunehmen. Sie wollen, dass die Liebe in perfekter Form und Größe zu ihnen kommt. Aber das geschieht nie.

Menschen, die Angst vor Liebe haben, haben ein ambivalentes Verhältnis zum Geben und Nehmen. Wenn du fern von ihnen bist, fühlen sie sich sicher und sehnen sich nach deiner Gegenwart. Doch sobald du dich ihnen näherst, bekommen sie Angst und fordern dich auf, mehr Abstand zu halten oder ganz weg zu gehen. Dieses emotionale Hin und Her ermöglicht es ihnen, eine Beziehung aufrechtzuerhalten und gleichzeitig Nähe und Verbindlichkeit zu vermeiden.

Es ist nicht deine Aufgabe, diese Menschen zu analysieren, zu verurteilen oder „in Ordnung zu bringen". Akzeptiere sie, wie sie sind. Schicke ihnen Liebe. Aber lebe nicht mit ihnen zusammen, wähle sie nicht als Partner oder Partnerin.

Wenn du in eine solche Beziehung verstrickt bist, musst du dich fragen, ob nicht vielleicht selbst Angst vor der Liebe hast. Weshalb sonst solltest du einen Partner wählen, der dir keine Liebe geben kann?

Spirituelle Hochzeit

Im Gegensatz zur landläufigen Meinung ist die Ehe kein Band, das dich fesselt, sondern eine Verbindung, die dich befreit. Das Glück deines Partners liegt dir ebenso am Herzen wie dein eigenes. Du liebst deine Partnerin wie dich selbst und nimmst ihre Bedürfnisse ebenso wichtig wie deine eigenen. Nicht wichtiger und nicht weniger wichtig, sondern genauso wichtig.

Die Ehe ist kein Versprechen, in alle Ewigkeit zusammenzubleiben, denn das kann niemand versprechen. Sie ist ein Versprechen, „jetzt" präsent zu sein. Dieses Gelöbnis muss in jedem Augenblick erneuert werden, wenn es überhaupt eine Bedeutung haben soll.

Untreue

Außereheliche Beziehungen bringen nichts anderes zum Ausdruck als einen Mangel an Nähe zwischen den Partnern. Sie sind nicht das eigentliche Problem, sondern nur ein Symptom.

Den eigenen Garten bestellen

Kein Mensch ist immer glücklich. Mach dein eigenes Glück nicht vom Glück deines Partners abhängig. Das zieht euch nur beide herunter. Bestelle deinen eigenen Garten und lass deinen Partner an den Rosen riechen, die dort wachsen. Wenn du deinen eigenen Garten vernachlässigst und dich darüber beklagst, dass dein Partner dir niemals Rosen schenkt, wird sich keiner von euch beiden besser fühlen.

Wenn einer von beiden schlecht gelaunt oder traurig ist, muss der andere die Quelle der Liebe tief in seinem eigenen Inneren suchen. Wenn er sein inneres Licht gefunden hat, muss er es eine Weile für beide tragen. Auf diese Weise vergisst der traurige Partner nicht, dass das Licht existiert, auch wenn er es vorübergehend nicht in sich selbst finden kann.

Das heißt nicht, dass einer ganz allein für die Beziehung verantwortlich ist. Beziehungen erfordern ein ständiges Geben und Nehmen. Wohl aber bedeutet es, dass es Zeiten geben wird, in denen einer der Partner über sich hinauswachsen und die Verbindung zur Quelle aufrechterhalten muss, selbst angesichts der Angst und des Misstrauens des anderen Partners. Das ist zwar nicht leicht, aber in einer verbindlichen Beziehung oftmals dringend notwendig.

Achtung und Entwertung

Sobald ihr das Gefühl habt, voneinander getrennt zu sein, muss eine Korrektur stattfinden. Dann ist es Zeit innezuhalten, tief durchzuatmen, einen Schritt zurückzutreten und genau hinzuschauen. Gib weder dir noch deinem Partner die Schuld. Versuche nicht, dein Verhalten zu rechtfertigen oder den anderen ins

Unrecht zu setzen. Erkenne einfach an, dass sich eine Kluft zwischen euch aufgetan hat, die nicht überbrückt werden kann, solange einer von euch beiden Angst hat. In dieser Situation sollte sich jeder von euch etwas Zeit für sich selbst nehmen, um sich bewusst zu machen, wovor er Angst hat, was er glaubt verteidigen zu müssen, was ihn verletzt hat, worüber er wütend ist. Versucht herauszufinden, was ihr von eurem Partner gerade jetzt braucht. Wenn ihr dann beide innerlich ruhig geworden seid, könnt ihr euch gegenseitig um das Gewünschte bitten.

Fast immer entspringen Angst, Wut und Verletztheit dem Gefühl, nicht geliebt oder anerkannt zu werden. Wenn sich jemand auf eine Weise verhält, die solche Gefühle in dir auslöst, interpretierst du das normalerweise als mangelnde Wertschätzung deiner Person. Und wenn du dann verletzt oder wütend reagierst, fühlt sich der andere abgewertet. Er oder sie hat dann ebenfalls das Gefühl, nicht geschätzt und anerkannt zu werden. Wenn es euch schwer fällt, einander wertzuschätzen, gerät die Beziehung in eine Krise. Es werden negative Verhaltensmuster in Gang gesetzt, die das Vertrauen zerstören und die Liebe ersticken.

Ihr müsst diese Abwärtsspirale aufhalten, bevor sie außer Kontrolle gerät. Macht eine Beziehungspause, nehmt euch – jeder für sich – Zeit, um in die eigene Mitte zu kommen und herauszufinden, was euch die Beziehung bedeutet. Verbindet euch erneut mit eurem eigenen Herzen und geht erst dann wieder auf den anderen zu.

Klage deinen Partner nicht an. Bitte ihn einfach um die Bestätigung und Wertschätzung, die du brauchst. Geh nicht in die Defensive. Gib deiner Partnerin einfach die Bestätigung und Wertschätzung, die sie braucht.

◆

Wenn eine Beziehung von Liebe getragen wird, lautet die Frage immer: „Was tun wir?", nicht, „was tue ich?" Beide wollen das Beste für die Beziehung, das, was die Verbindung zur Liebe aufrechterhält. Diese gemeinsame Basis zu finden, ist sowohl die Herausforderung als auch die Belohnung in jeder verbindlichen Beziehung. Im Laufe dieses Prozesses wachsen die Partner über ihre egoistischen Interessen hinaus und lernen, dem höheren Zweck ihrer Gemeinschaft zu dienen.

Vergebung

In jeder Beziehung wirst du unweigerlich dazu aufgefordert, weiser zu werden und emotional zu wachsen. Den vollkommenen Partner gibt es nicht. Daher besteht die Herausforderung darin, den unvollkommenen Menschen, der vor dir steht, zu akzeptieren und zu achten.

Wie gut eure Beziehung auch sein mag, ihr werdet immer wieder vergessen, einander zu würdigen. Ihr werdet innerlich unter Druck geraten und euren Schmerz auf den anderen projizieren. Ihr werdet angreifen und euch verteidigen, Schuldzuweisungen austeilen und entgegennehmen und alles durcheinanderbringen.

Wenn ihr in der Lage seid, euch die gegenseitigen Verletzungen zu vergeben und das Vertrauen ineinander immer wieder neu herzustellen, kann sich eure Liebe und eure Fähigkeit, Nähe zuzulassen, vertiefen. Dies ist die eigentliche Herausforderung einer jeden Beziehung.

In allen Beziehungen heißt das Zauberwort „Vergebung". Wenn ihr beide entschlossen seid, einander zu vergeben, könnt ihr selbst dann eine gute Beziehung leben, wenn ihr nicht allzu viel gemeinsam habt. Wenn ihr dazu jedoch nicht bereit seid, könnt ihr versuchen, was ihr wollt, nichts wird funktionieren, keine Religion, keine Psychotherapie, kein Beziehungsseminar.

Vergebung macht unvollkommene Menschen heil und ganz, sie repariert zerbrochene Beziehungen und macht sie wieder stark. Dann beginnen die Partner zu verstehen, was wahre Liebe und was ihre eigentliche Essenz ist.

Verletzungen aus der Kindheit

Die Ängste, die in dir hochkommen, werden nicht nur durch die Interaktionen mit deinem Partner ausgelöst, sondern auch durch unbewusste Verletzungen, die du in deiner Kindheit erlitten hast. Deine zwanghaften Reaktionen entspringen jenen Verhaltensmustern, die du schon sehr früh als Antwort auf die mit Bedingungen verknüpfte Liebe deiner Eltern entwickelt hast.

Wenn du mit deinen Eltern Frieden geschlossen hast und sie als ebenbürtig akzeptierst, hast du einfach nicht mehr den Wunsch, dich zu ändern, um ihre Erwartungen zu erfüllen. Und du erwartest auch nichts dergleichen mehr von ihnen. Von nun an brauchst du deine intimen Beziehungen nicht mehr, um „Elternlektionen" zu lernen. Als Mann suchst du nicht mehr die Mutter in deiner Partnerin und als Frau nicht mehr den Vater in deinem Partner. Der Vater und die Mutter der Schöpfung fordern nur das von dir, was deinem Erwachen dient. Ihre Liebe ist sanft und feurig zugleich. Ein Aspekt der Liebe ist nicht genug. Die Liebe der Mutter ist ebenso nötig wie die des Vaters.

Die Liebe des Vaters gibt dir Mut, die Liebe der Mutter Sanftheit. Der Mut hilft dir, durch deine Ängste hindurchzugehen. Die Sanftheit hilft dir, dein Herz zu öffnen.

Probleme mit dem Vater äußern sich oft in der Unfähigkeit, die eigene Lebensaufgabe zu verstehen und zu erfüllen. Probleme mit der Mutter machen es einem Menschen schwer, liebevolle und vertraute Beziehungen einzugehen. Wenn einer der beiden Aspekte nicht ausreichend entwickelt wurde, kommt es häufig zu einer Überkompensation auf der anderen Seite.

Seelenpartner

Dein Seelenpartner kann dir erst begegnen, wenn all deine Beziehungen von Klarheit und absoluter Ehrlichkeit geprägt sind. Du kannst deine Seelenpartnerin nicht finden, indem du einen anderen Menschen im Stich lässt. Du musst mit all deinen Beziehungen im Reinen sein.

Der Geliebte

Wenn dein Leben fest in der Wahrheit deiner Erfahrung verankert ist, kannst du diese Wahrheit mit einem anderen Menschen teilen. Solange du jedoch außerhalb von dir selbst nach Wahrheit, Liebe oder Erlösung suchst, wirst du immer wieder enttäuscht werden. Nur wenn du dich selbst achtest, kannst du dem Geliebten begegnen. Diejenigen, die sich verbiegen, um die ersehnte Liebe zu bekommen, treiben den Geliebten von sich fort.

Wer ist der Geliebte überhaupt? Er ist nichts anderes als ein Spiegel, der dir deine eigene Verpflichtung zur Wahrheit spiegelt.

◆

Wenn dir der Geliebte erst einmal in menschlicher Gestalt begegnet ist, kann dein Leben niemals so weitergehen wie bisher. Alles Trennende und Eigennützige muss losgelassen werden. Nur das, was ihr in gegenseitiger Achtung und Liebe gemeinsam hochhaltet, hat Bestand. Das isolierte Selbst muss sterben und als Partner, als Seelengefährte wiedergeboren werden.

Liebe währt ewig

Ihr tretet in unterschiedlichen Rollen in Beziehung: als Kinder und Eltern, als Geschwister, Freunde und Arbeitskollegen, als Lehrer und Schüler. Nicht die äußere Form der Beziehung ist wichtig, sondern die Liebe, die in dieser Form wohnt. Beziehungen ändern ständig ihre Form. Kinder wachsen heran und werden selbst Eltern; Eltern verlassen ihren Körper, um das nächste Abenteuer zu bestehen; Freunde ziehen weiter, Liebende trennen sich. Keine Form bleibt für immer gleich. Alles muss weiterwachsen. Formen müssen kommen und gehen. Das ist die bittersüße Realität des Lebens. Wenn du dich an die Form klammerst oder die Liebe wegwirfst, weil ihre Form sich verändert hat, wirst du unnötig leiden. Die Herausforderung besteht darin, die Form loszulassen, aber an der Liebe festzuhalten. Liebe währt ewig. Liebe ist grenzenlos. Sie kann nicht von Raum und Zeit begrenzt werden.

Die Liebe ist immerfort und unveränderlich sie selbst. Die Formen, die sie annimmt, mögen sich ändern, aber sie selbst bleibt immer gleich.

Oft verleugnet ihr eure Liebe, wenn die äußere Form sich ändert. Das ist nur ein Festhalten an der Form. Ihr sagt: „Ich muss Liebe genau auf diese Art und Weise bekommen, sonst will ich sie überhaupt nicht." Das ist kindisch. Wenn du erwachsen wirst, erkennst du, dass du nicht immer alles genau so haben kannst, wie du willst – besonders dann nicht, wenn andere Menschen beteiligt sind.

Eine Vereinbarung aufheben

Wenn ein Mensch sich nicht länger an die mit einem anderen Menschen getroffene Vereinbarung halten will, ist die Vereinbarung aufgehoben. Du kannst niemanden gegen seinen Willen festhalten. Wenn du das versuchst, vertreibst du die Liebe. Die Liebe überdauert das Ende einer Vereinbarung, wenn du es zulässt. Wenn du das nicht tust, betrügst du dich nur selbst.

◆

Wenn ihr beschlossen habt, euch zu trennen, dann tut es auf liebevolle Weise und ohne an Verletzungen oder altem Groll festzuhalten. Es ist nie einfach, eine Beziehung zu beenden oder ihre Form zu verändern. Ihr müsst daher äußerst behutsam vorgehen, wenn Heilung für euch beide stattfinden soll.

Seid dankbar für das, was ihr gemeinsam erfahren und gelernt habt. Macht euch klar, was zu der Trennung geführt hat, und übernehmt Verantwortung für euren Anteil daran.

Wenn ihr eine Beziehung mit einem neuen Partner eingegangen seid und merkt, dass die gleichen Probleme wieder auftauchen, dann versucht, diesmal großzügiger und verantwortungsvoller mit ihnen umzugehen.

Liebe und Freiheit gehen Hand in Hand. Die Liebe kann nicht für immer und ewig auf ein und dieselbe Form beschränkt bleiben. Sie muss aus allen Formen ausbrechen und sämtliche Bedingungen abschütteln, um ganz sie selbst zu sein.

Gib dem anderen die Freiheit zu sein, wer immer er ist, und die Form wird sich ganz von selbst entwickeln. Doch sobald du versuchst, ihm oder ihr diese Freiheit zu nehmen, wird die Form zum Gefängnis für euch beide.

Liebe und Freiheit

Liebe und Freiheit sind untrennbar miteinander verbunden. Du kannst nicht lieben, wenn du keine Wahl hast. Alle Formen der Anhaftung sind nicht nur Angriffe auf die Freiheit, sondern auch auf die Liebe selbst, denn wo die Freiheit der Wahl ausgeschlossen wird, kann es keine Liebe geben. Das Tragische an der Liebe ist nicht, dass du dich vielleicht entscheidest, nicht mit deinem Partner zusammenzusein. Das mag traurig sein, aber es ist nicht tragisch. Die echte Tragödie besteht darin, dass ihr vielleicht zusammenbleibt oder euch trennt, weil ihr glaubt, keine andere Wahl zu haben.

Wo Liebe ist, muss auch die Freiheit der Wahl sein. Es erfordert Mut, dem Partner diese Freiheit zu geben und sie selbst in Anspruch zu nehmen, Mut und Geduld. Aber das ist das Wesen der Liebe. Diejenigen, deren Liebe alle Stürme, alle Höhen und Tiefen des Lebens und alle Ausdrucksformen der Liebe überdauert, sind wahrlich über alle Maßen mutig und geduldig.

◆

Je mehr du das Bedürfnis hast, die Liebe zu kontrollieren, desto weniger wirst du sie erfahren. Kontrolle knüpft etwas an Bedingungen, das von seiner Natur her völlig bedingungslos sein muss. Wenn du Liebe an Bedingungen knüpfst, erfährst du die Bedingungen, nicht die Liebe. Du begegnest der Form, nicht dem Inhalt.

Scheidung

Beziehungen beenden sich letztendlich selbst. Das Interesse ist einfach erloschen, die treibende Kraft ist nicht mehr da. Der Weg zur Scheidung beginnt mit der Erkenntnis, dass die energetische Anziehung schwächer geworden ist und man das gemeinsame Ziel aus den Augen verloren hat.

Nicht alle Beziehungen sind dazu bestimmt, in eine Ehe zu münden. Bei manchen handelt es sich einfach um vorübergehende Lernerfahrungen, die ein paar Monate oder Jahre andauern. Unglücklicherweise heiraten viele Paare, bevor sie im Herzen die Gewissheit haben, dass dies ihr Lebenspartner ist. Aber wenn beide diesen Fehler zugeben, entsteht kein Schaden.

Es nützt niemandem, wenn ihr es als Schande betrachtet, einen solchen Fehler gemacht zu haben. Es ist ein Fehler, den viele Menschen machen. Manche leiden darunter, weil sie zusammenbleiben, obwohl die Beziehung längst tot ist. Andere wiederum brechen zu schnell aus ihren Beziehungen aus, lange bevor sie ihre Lektionen gelernt haben und mit ihrem Partner ins Reine gekommen sind. Das ist nichts Neues. Genau wie eine Ehe beginnt eine Scheidung in den Herzen der Partner. Es ist ein organischer Prozess der Loslösung. Und wenn zwei Menschen soweit miteinander gegangen sind, wie sie konnten oder wollten, ist die Scheidung die einzige humane Lösung. Der Versuch, einen anderen Menschen gegen seinen Willen festzuhalten, ist unmoralisch.

Im besten Fall findet die Scheidung in einer Atmosphäre der Dankbarkeit für die gemeinsam verbrachte Zeit statt. Dann besiegelt sie nicht nur eine Trennung, sondern auch eine Vollendung.

◆

Es wäre unehrlich zu behaupten, Kinder würden durch die Scheidung ihrer Eltern nicht verletzt. Verletzt werden sie aber auch durch die mangelnde Bereitschaft ihrer Eltern, einander zu lieben und zu achten. Wenn die durch die Scheidung geschaffene Distanz dazu beiträgt, dass die Eltern einander wieder mit Respekt beggnen können, so profitieren davon auch die Kinder. Kinder profitieren immer, wenn sie erleben, wie Erwachsene liebevoll und respektvoll miteinander umgehen.

Aber auch in einer heilsamen Trennungssituation müssen Eltern ihren Kindern besonders viel Aufmerksamkeit schenken, damit diese sich nicht im Stich gelassen oder schuldig fühlen. Das ist ganz wichtig.

◆

Wahre innere Freiheit entspringt der Vertrautheit, nicht der Entfremdung. Andere auf Abstand zu halten bringt dir keine Freiheit, sondern ihr Gegenteil. Nur indem du andere in dein Herz hineinlässt, wirst fähig, sie wieder loszulassen.

◆

Keine Beziehung dauert ewig. Die Menschen kommen zusammen, weil sie etwas Wichtiges voneinander zu lernen haben. Wenn sie diese Lektionen gelernt haben, ziehen sie weiter, um anderen Lehrern zu begegnen und sich neuen Herausforderungen zu stellen. So ist es nun einmal.

Mach dir keine Gedanken darüber, wie lang eine Beziehung wohl dauern wird. Gib vielmehr all deine Energie und Achtsamkeit hinein, solange sie besteht. Erlebe soviel Freude mit deinem Partner wie möglich und lerne soviel du kannst aus dem, was schmerzhaft ist. Tu dein Bestes, um ehrlich und klar mit deinem Partner umzugehen. Dehne deine Toleranzgrenzen ein wenig aus. Sei flexibel und konstruktiv. Gib als erster nach. Gib, ohne dir Gedanken darüber zu machen, was du wohl dafür bekommen wirst. Und wenn du auf die Nase fällst, dann steh auf und lache über deine eigene Dummheit.

Du wirst nie perfekt darin werden, Liebe zu geben und zu empfangen. Versuche es erst gar nicht. Versuche einfach nur, ein wenig offener für die Liebe zu werden.

Versprechen und Erfüllung

Beziehungen sind ein zweischneidiges Schwert. Sie versprechen Glückseligkeit und doch bringen sie oft die primitivsten Emotionen an die Oberfläche. Sie versprechen Kameradschaft und fordern dich dennoch heraus, mit scheinbar unüberbrückbaren Gegensätzen fertig zu werden. Sie stellen das Ende der Einsamkeit in Aussicht und öffnen dennoch die Tür zu einem noch tieferen Alleinsein.

◆

In keinem anderen Lebensbereich findest du so viele Möglichkeiten, deine Verletzungen zu verstehen und zu heilen. Dein Partner ist die Hebamme, die dir hilft, dein volles Potential zu Welt zu bringen. Ihm oder ihr hast du zu verdanken, dass du die destruktiven Muster loslassen lernst, die deinem Glück im Wege stehen. In dem Spiegel, den dein Partner dir vorhält, entdeckst du deine eigene Ganzheit. Durch ihn lernst du, der Welt dein Geschenk zu geben.

Wahre Liebe

Wenn du gelernt hast, das Wohl eines anderen Menschen genauso wichtig zu nehmen wie dein eigenes, kannst du diese Fähigkeit irgendwann auf alle Menschen ausdehnen. Dann schließt du niemanden mehr von deiner Liebe aus. Was du einem gibst, gibst du allen. Was du von einem empfängst, empfängst du von allen.

Wahre Liebe beendet alle trennenden Gedanken und Handlungen. Sie hat einen Gedanken, ein Ziel, einen Willen und eine Liebe für alle Menschen. Aber all das bleibt bedeutungslos für dich, bis du gelernt hast, einen anderen Menschen zu lieben wie dich selbst. Für die meisten von euch ist das die Tür zur göttlichen Glückseligkeit.

Das Geschenk weitergeben

Dein Leben ist ein Kunstwerk

Dein Leben ist ein Kunstwerk. Du musst so eifrig daran arbeiten wie eine Biene, die Blütenstaub sammelt. Und vergiss nicht: Arbeit, die dir keine Freude macht, kann nichts hervorbringen, was von Wert ist.

◆

Es gibt keine Versager und keine „Gescheiterten" auf dieser Erde. Selbst die Obdachlosen, die Prostituierten und die Drogenhändler formen den Ton, der ihnen gegeben wurde.

Nur weil dir ein bestimmtes Kunstwerk nicht gefällt, heißt das noch lange nicht, dass es kein Kunstwerk ist. Es gibt keine langweiligen Geschichten. Jede Geschichte ist etwas Besonderes. Jede Skulptur hat etwas Geniales.

Du kannst nicht sagen, dass das, was ein bestimmter Mensch aus seinem Leben macht, wertvoller ist, als das, was ein anderer daraus macht. Du kannst lediglich sagen, dass dir das eine besser gefällt als das andere. Du hast deine Vorlieben. Glücklicherweise teilt Gott diese Vorlieben nicht – nicht deine und nicht die von irgend jemand anderem. Gott hört sich die Geschichte eines jeden Menschen an. Er hat ein offenes Ohr für jedes Herz.

Das Geschenk annehmen

Was du auch zu geben hast – es ist genau das Richtige. Es spielt keine Rolle, ob es das ist, was du dir vorgestellt hast oder was du geben wolltest.

Wenn du das Geschenk annimmst, wird der Sinn deines Lebens offenbar. Du erkennst, dass jedes Problem, jede Lektion, jeder Augenblick des Leids notwendig war, damit du fähig wurdest, das Geschenk anzunehmen und weiterzugeben.

◆

Gott macht keine fragwürdigen Geschenke. Oft kannst du die Bedeutung eines Geschenks erst erkennen, wenn es sich in deinem Leben manifestiert hat. Das kann frustrierend sein, ist aber nicht zu vermeiden.

Gottes Geschenke entsprechen nicht den Erwartungen deines Egos. Sie sind von höherem Wert. Sie helfen dir, dein wahres Wesen und den Zweck deines Daseins auf dieser Erde zu erkennen. Manchmal scheint sich eine Tür vor dir zu schließen, und du verstehst nicht, warum. Erst wenn sich die richtige Tür öffnet, weißt du, warum dir die falsche verschlossen geblieben ist.

◆

Was du schätzt genießt deine ungeteilte, liebevolle Aufmerksamkeit. Es wird gehegt, genährt und zur vollen Entfaltung gebracht. Das geschieht nicht über Nacht. Und es geschieht auch nicht genau wie und wann du es willst. Es blüht auf durch deine Hingabe und Beständigkeit. Was du liebst, gedeiht. Es entfaltet sich. Es bekommt Wurzeln und Flügel. So zeigt sich die göttliche Gnade in deinem Leben.

◆

Die Gaben, die du in diesem Leben empfangen hast, gehören nicht nur dir. Sie gehören allen. Sei nicht so egoistisch, sie zurückzuhalten. Beschränke dich nicht auf einen Lebensstil, der deinen Geist gefangen hält und keinen Raum für Spontaneität und Anmut lässt. Riskiere, ganz du selbst zu sein.

Löse dich von den Erwartungen anderer und komm in Kontakt mit dem, was dir die größte Freude und Erfüllung schenkt. Lebe von innen nach außen, nicht von außen nach innen. Es ist nicht egoistisch, sich seiner eigenen Freude zuzuwenden. In Wirklichkeit ist es das Großzügigste, was du tun kannst. Denn dein Geschenk wird gebraucht. Du kannst andere nicht inspirieren, solange du nicht auf deine Gabe vertraust und sie der Welt zugänglich machst.

Stell dir vor, wie leer das Leben wäre, wenn alle Menschen um dich herum, ihre Gaben zurückhielten. Alles, was du so herrlich findest, Musik, Literatur, Filme, Sport und noch viel mehr, wäre plötzlich wie weggeblasen, wenn andere ihre Gaben zurückhalten würden.

Halte dein Geschenk nicht zurück. Und glaube nicht, du hättest nichts zu geben. Jeder Mensch hat etwas zu geben. Dein Geschenk bringt dir und anderen Freude. Es ist ein Ausdruck jener Kreativität, die alle trennenden Grenzen überwindet und anderen deutlich macht, wer du wirklich bist.

Wertschätzung

Nur was deiner Begeisterung entspringt und aus deinem Herzen kommt, wird auf allen Ebenen Früchte tragen. Nur was du wirklich liebst, wird andere berühren und dir echte Wertschätzung einbringen. Wertschätzung ist der spontane, natürliche Fluss der Energie, die andere mit dir und deiner Geschichte verbindet. Wertschätzung kannst du nur dadurch erfahren, dass du ganz du selbst bist.

◆

Viele deiner Gaben bleiben unerkannt, weil sie nicht deiner Vorstellung von einer Gabe entsprechen. Oft wertest du deine Begabung ab, weil du sie mit den Begabungen anderer vergleichst, oder du bist nur unter bestimmten Bedingungen bereit, dein Geschenk weiterzugeben. Du sagst beispielsweise: „Ich singe nur, wenn mindestens tausend Zuhörer kommen und eine Gage von 10.000 Mark dabei herausspringt." Doch was, wenn noch gar nicht so viele Leute von dir gehört haben? Wie viele Angebote wirst du dann bekommen? Das ist eine zerstörerische Einstellung. Wie soll sich dein Lebenswerk jemals entfalten, wenn du es nicht auf den Weg bringst? Vielleicht kannst du es kaum erwarten, mit deiner Gabe zu wachsen. Dennoch musst du dir zunächst viel Zeit nehmen, um sie zu hegen und zu pflegen. Suche dir einen guten Lehrer oder eine Lehrerin. Sing für Freunde und Angehörige. Geh zunächst kleinere Risiken ein und dann immer größere. Nach und nach wirst du Selbstvertrauen und Professionalität entwickeln.

Menschen, die sich weigern, klein anzufangen, werden nie etwas erreichen. Sie greifen nach den Sternen und lernen nie, mit beiden Beinen auf dem Boden zu stehen.

Deine Einstellung zu deiner Gabe sagt viel darüber aus, ob du glücklich bist oder nicht. Glückliche Menschen geben ihr Geschenk in jedem Rahmen weiter, den das Leben ihnen bietet. Unglückliche halten es fest, bis das Leben ihnen die vollkommenen Umstände präsentiert.

Um Vertrauen in deine Gabe zu gewinnen, musst du auch deine Vorstellung darüber loslassen, auf welche Weise sie angenommen werden sollte. Das ist nicht deine Sache. Es geht dich gar nichts an. Wie großartig oder berühmt du auch werden magst – du weißt nie, wer von deiner Gabe berührt wird und wer sich abwendet.

Um dein Geschenk weitergeben zu können, musst du es loslassen. Du darfst dich auch nicht davon abhängig machen, wer es entgegennimmt und wer nicht. Du kannst dein Geschenk nicht festhalten und es gleichzeitig weitergeben. Indem du erkennst, wie absurd dieser Versuch ist, gibst du deinem Geschenk die Flügel, die es verdient hat.

Authentizität

Wenn du dir selbst gegenüber ehrlich bist, wirst du weder den Erwartungen anderer entsprechen, noch dich vor ihren Rückmeldungen verschließen. Der Wunsch nach Lob und Anerkennung behindert den ehrlichen Selbstausdruck. Er macht ihn schwammig und defensiv. Im Gegensatz dazu macht der Wunsch zu schockieren oder andere vor den Kopf zu stoßen Austausch und Nähe unmöglich. Er vertreibt die Menschen.

Authentischer Selbstausdruck ist weder offensiv noch defensiv. Er verkündet seine Wahrheit und lädt zum Dialog ein. Er baut Brücken zwischen den Menschen.

◆

Wenn du deine Gabe annimmst und die Angst überwindest, sie nach außen zu bringen, lösen sich alte, einschränkende und zerstörerische Lebensstrukturen auf. Sie fallen in sich zusammen, weil du ihnen keine Energie mehr gibst. Dadurch, dass du anfängst, dich selbst zu achten und dich dem zuzuwenden, was dir Freude macht, verändern sich deine Schlaf- und Ernährungsgewohnheiten, deine Arbeitssituation und dein Familienleben. Du löst dich aus Rollen und Beziehungen, die deinem kontinuierlichen Wachstum nicht mehr förderlich sind. Das geschieht spontan und gewaltlos.

Wenn andere merken, dass du absolut und kompromisslos zu dir stehst, schließen sie sich dir entweder an oder sie gehen dir so schnell wie möglich aus dem Weg. Unklarheiten, die durch deine Ambivalenz entstanden sind, durch deinen Wunsch, etwas zu besitzen und es gleichzeitig loszuwerden, werden von einem klaren Ja oder einem klaren Nein abgelöst. Die Wolken des Selbstzweifels und der Anhaftung verziehen sich, sobald das hingebungsvolle, strahlende Selbst in den Vordergrund tritt.

Ein Mensch, der sich zum Individuum entwickelt, gesteht anderen dasselbe zu. Ungesunde Familienstrukturen werden aufgedeckt und durch neue ersetzt, welche die Individualität eines jeden Familienmitglieds achten. Das alles wird möglich, weil der Einzelne sich selbst treu bleibt. Auf diese Weise verschwinden Nachlässigkeit, Co-Abhängigkeit, neurotisches Feilschen um Liebe, Langeweile, Apathie und Kritiksucht aus allen Beziehungen. Statt dessen wird der Einzelne ermutigt, authentisch zu sein und Verantwortung für seine Entscheidungen und Handlungen zu übernehmen.

Wenn ein Mensch sich selbst treu bleibt und bereit ist, seinen Traum zu leben, fällt das ganze Angstgebäude um ihn herum in sich zusammen. So einfach ist das. Und es geschieht so sanft wie das erste Ja, das in der Stille des Herzens geflüstert wurde.

In der Welt, nicht von der Welt

Wenn dir deine Arbeit keine Freude macht, wenn sie dir nicht erlaubt, deine Fähigkeiten und Talente zum

Ausdruck zu bringen, und wenn sie andere nicht inspiriert, ist es keine spirituelle Arbeit.

Ich habe euch gebeten, in der Welt zu sein, aber nicht von dieser Welt? Was bedeutet das? Es bedeutet, dass du eine Arbeit wählst, die du freudig und mit Liebe tun kannst. So wird deine Arbeit zum Geschenk. Eine Arbeit, die du in dem Gefühl verrichtest, ein Opfer zu bringen, kann niemandem Freude schenken. Nur eine Arbeit, die du voller Freude tun kannst, wird dich glücklich machen und andere auch. Die Mittel müssen mit den Zielen übereinstimmen.

◆

Hüte dich vor jeder Arbeit, bei der Schuldgefühle, Angst oder spiritueller Hochmut im Spiel sind. Versuche nicht, dich selbst zu retten, indem du anderen hilfst. Und versuche nicht, andere zu retten, wenn in Wirklichkeit du derjenige bist, der Hilfe braucht.

◆

Betrüge dich nicht selbst, indem du aus einer Opferhaltung heraus arbeitest. Betrüge andere nicht, indem du die Gier zum Leitmotiv für deine Arbeit machst. Versage dir nicht, was du für ein Leben in Würde brauchst. Aber nimm dir auch nicht mehr als du brauchst. Materieller Reichtum wird dich nicht glücklich machen.

Wenn du deine Lebensaufgabe gefunden hast, ist der Versuch, sie zu „steuern" das größte Hindernis auf dem Weg zu ihrer Erfüllung. Du kannst spirituelle Arbeit nicht „geschehen machen". Wenn du das versuchst, wirst du scheitern. Spirituelle Arbeit erfordert Hingabe. Weltliche Arbeit geht Hand in Hand mit der Illusion der Kontrolle. Sobald du dein Bedürfnis nach Kontrolle aufgibst, kann jede Arbeit spirituell werden. Und sobald du versuchst, die Dinge zu kontrollieren, sind selbst die spirituellsten Projekte zum Scheitern verurteilt.

Spiritueller Lohn

Die „Religion des Reichtums" enthält genauso wenig Wahrheit wie die „Religion des Sich-Aufopferns". Gott belohnt spirituelle Arbeit nicht unbedingt mit materiellem Erfolg. Die Belohnungen für ein integeres Leben sind spiritueller Natur: Glück, Freude, Mitgefühl, Frieden, Sensibilität.

Du musst ein für allemal aufhören, spirituellen Reichtum mit weltlichen Maßstäben zu messen. Wenn sich materieller Erfolg einstellt, so ist das oftmals ein Test, der zeigen soll, ob du Selbstsucht und Gier transzendieren kannst. Materieller Reichtum wird dir – wie alle anderen Gaben – gegeben, damit du ihn mit anderen teilen kannst. Mach nicht den Fehler zu glauben, deine Lebensaufgabe müsse dir ein hohes Monatsgehalt einbringen. Aber glaube andererseits auch nicht, dass du unbedingt in Armut leben musst, um Gott dienen zu können. Ein reicher Mensch kann Gott genauso dienen wie einer, der nur über bescheidene Mittel verfügt, wenn er bereit ist, seinen Reichtum mit anderen zu teilen. Es kommt nicht darauf an, wie viel du in den Händen hältst, sondern darauf, ob du diese Hände ausstreckst, um deinem Bruder oder deiner Schwester zu helfen.

Innere Verpflichtung

Ein Ziel zu haben bedeutet nichts, wenn man sich diesem Ziel nicht verpflichtet fühlt. Wenn du nicht bereit bist, dich mit deiner ganzen Kraft für dieses Ziel einzusetzen, werden deine Träume niemals Wirklichkeit werden.

Wenn du wirklich ehrlich zu dir selbst bist, weißt du, dass dich nichts und niemand an der Verwirklichung deiner Ziele hindern kann. Du bist die einzige Person, die deine Träume sabotieren kann.

◆

Du bringst das in dein Leben, was du hineinlässt. Indem du „nein" zu dem sagst, was du nicht willst, bringst du das in dein Leben, was du willst. So einfach ist das. Das einzige, was die Sache kompliziert macht, ist die Tatsache, dass du nicht immer weißt, was du willst, oder dass du, wenn du es weißt, nicht darauf vertraust und nicht dazu stehst.

Wenn deine unbewussten Wünsche nicht mit deinen bewussten Zielen übereinstimmen, dann spiegelt das, was du in dein Leben bringst, eine Mischung aus beidem wider. Deshalb ist die Zeit, die du damit zubringst, deine unterschiedlichen Bedürfnisse und

Wünsche miteinander in Einklang zu bringen, keine verschwendete Zeit. Wenn in deinem Innern keine widerstreitenden Wünsche gegeneinander kämpfen und wenn auf allen Ebenen deines Bewusstseins Klarheit herrscht, dann geht der kreative Prozess leicht und mühelos vonstatten.

Mit-Schöpfung

Jede Schöpfung ist in Wirklichkeit Mit-Schöpfung. Du bestimmst, was du willst, verpflichtest dich diesem Ziel und bewegst dich darauf zu. Dann werden alle Mittel und Gelegenheiten, die du zur Verwirklichung deines Ziels brauchst, auf dich zukommen. Aber du musst auf jeden Fall deine Erwartungen loslassen. Du musst offen für die sich bietenden Gelegenheiten sein, was nicht heißt, dass du sie herbeiführen musst.

Eines der großen Aha-Erlebnisse auf dem spirituellen Weg ist die Erkenntnis, dass du dein Leben nicht „geschehen machen" musst. Es geschieht ganz von selbst.

◆

Denk daran, dass du keine Freude in dein Leben bringen kannst, indem du nach den Vorstellungen (oder getreu dem Vorbild) anderer lebst oder in Opposition dazu. Wahre Freude erfährst du nur, wenn du der Wahrheit deines Herzens treu bleibst.

◆

Im Dienst der Liebe

Das Licht in anderen sehen

Sei nicht auf die Dunkelheit fixiert, denn sie ist letztendlich nicht real. Konzentriere dich lieber auf das allen Wesen innewohnende Gute. Indem du das Licht in anderen siehst, taufst du ohne Unterlass. Du bietest Kommunion an. Selbst wenn andere dir ihre Sünden beichten, bestärkst du sie in ihrer Wahrheit. Konzentriere dich nicht auf die Mängel oder auf das, was korrigiert werden muss. Konzentriere dich lieber auf das, was immer da ist und was niemandem genommen werden kann. Richte dein Augenmerk auf das Richtige und Gute. Weil du nicht nach Schwächen suchst, hilfst du den Menschen, ihre Stärke zu entdecken. Weil du nicht nach Verletzungen suchst, hilfst du anderen, ihre Dankbarkeit zu entdecken.

Heilung

Ein Heiler zu sein bedeutet, dass du deine Fähigkeit akzeptierst, frei von Konflikten, Schuld und Urteilen zu sein. Wenn du diese Fähigkeit in dir selbst erkannt hast, wirst du Wunder wirken, wie ich sie einst gewirkt habe. Versuche nicht, andere zu heilen. Heile dich selbst. Jedes Mal, wenn du einen eine Wunde heilst, die ein verurteilender Gedanke oder ein trennendes Gefühl in dir verursacht hat, wird das von jedem Bewusstsein, von jedem Herzen im Universum aufgenommen. Deine Heilung gehört nicht dir allein. Sie gehört allen Wesen.

Im Dienst der Liebe

Wenn du gelernt hast, dich selbst zu lieben, kannst du gar nicht anderes, als auch andere zu lieben. Es fällt dir überhaupt nicht schwer. Wenn du wirklich liebst, kennt deine Liebe weder Grenzen noch Einschränkungen. Die Liebe ist dann wie ein ständiger Kreislauf, der in dein Herz hinein und wieder aus ihm hinaus fließt. Wie Wellen, die sich am Strand brechen und wieder ins offene Meer zurückrollen, sind die Gezeiten der Liebe beständig und verlässlich. Jeden Strand berühren sie mit ihrem Segen.

Liebe ist nicht etwas, das du tust, sondern etwas, das du bist. Du bist die Verkörperung der Liebe in diesem Augenblick. Nicht weniger als das.

◆

Wohin du auch gehst, die Liebe geht mit dir. Sie geht mit deinen Beinen, streckt sich mit deinen Händen aus, spricht mit deiner Stimme, sieht mit deinen Augen. Weil du da bist, ist die Liebe überall. Ohne dich wäre sie unsichtbar. Deshalb wird dein Dienst gebraucht. Nein, nicht um zu predigen oder zu missionieren, sondern um zuzuhören, um zu trösten, um Mitgefühl zu zeigen.

In deiner Stille wird die Präsenz der Liebe spürbar. In deinem Annehmen wird das Mitgefühl der Liebe erfahrbar. In deinem Lächeln manifestiert sich die Schönheit der Liebe.

Durch dich bringt sich das Christusbewusstsein zum Ausdruck. Du bist die Verkörperung der Liebe Gottes. Ich bin nicht der einzige Christus.

Als ich den Ruf vernahm, habe ich darauf geantwortet. Jetzt hörst du den Ruf und antwortest darauf, indem du diese einfache Lehre beherzigst: „Alles, was nicht Liebe ist, muss vergeben werden, und was vergeben wird, wird zum Segen, den die Liebe in ihrer Geduld dieser unvollkommenen Welt spendet."

◆

Ihr alle seid Vermittler für die Liebe Gottes. Daran ist nichts Mysteriöses. Sobald du in deinem Herzen Raum für Gott schaffst, führt Er den Fremden an deine Tür. Sobald ihr in eurer Gemeinde Raum für Gott schafft, führt Er die Außenseiter, die Ausgestoßenen und Benachteiligten in eure Kirche.

Das sind die Wege der geistigen Welt. Wenn du Liebe anbietest, werden Menschen zu dir kommen, die diese Liebe brauchen. Sie werden durch deine liebevolle Präsenz zu Gott geführt. Einst war ich die Tür zum Göttlichen für dich. Jetzt musst du selbst zu dieser Tür werden.

Die großen Lehrer

Nur sehr wenige spirituelle Lehrer tun ihre Arbeit, ohne die Aufmerksamkeit auf ihre Person zu lenken, ohne auf Publicity aus zu sein, ohne eine Organisation aufzubauen. Kaum einer von ihnen inspiriert andere, ohne sich das zugute zu halten, kaum einer heilt, ohne Geld dafür zu verlangen, kaum einer gibt, ohne eine Gegenleistung dafür zu erwarten.

Die größten Lehrer sind die bescheidensten, die liebevollsten, diejenigen, die andere am meisten darin bestärken, das eigene Potential zu entdecken. Wenn du einen solchen Lehrer finden willst, musst du hinter die Fassade schauen. Finde den Menschen, der dir nichts verspricht und der dir ohne Vorbehalt seine Liebe schenkt. Finde den Lehrer, der nicht vorgibt, dich „in Ordnung zu bringen" oder zu belehren, sondern der dein Herz berührt, wenn er dir in die Augen schaut.

Ein wahrer Lehrer kann dir nur eine einzige Frage stellen: „Bist du jetzt glücklich?" Wenn die Antwort „ja" lautet, bist du bereits im Himmel. Wenn sie „nein" ist, wird er dich fragen: „Warum nicht?"

Dann kannst du eine dreißig Seiten lange Begründung dafür liefern, warum du unglücklich bist, aber er wird seine Frage einfach wiederholen: „Warum nicht?" Früher oder später wirst du erkennen, dass alle Gründe für dein Unglücklichsein in der Vergangenheit liegen.

Eine Lehrerin kann nichts anderes tun, als dich zu fragen: „Warum bist du jetzt nicht glücklich?" Sie ist weder an deiner Vergangenheit interessiert noch an deiner Zukunft.

◆

Niemand kann einem Menschen widerstehen, der Liebe ausstrahlt. Alle kommen und wollen zu seinen Füßen sitzen. Kannst du dir das vorstellen? Die Leute wurden nicht einmal eingeladen, geschweige denn „missioniert", aber sie kommen trotzdem. Sie kommen, weil sie den Ruf der Liebe gehört haben und darauf antworten. Es ist nicht notwendig, dass ihr umherzieht und die Botschaft auf aggressive Art und Weise verbreitet. Ihr müsst sie den Leuten nicht um die Ohren hauen und ihr braucht niemanden in eure Kirchen oder Synagogen zu schleifen. Es reicht, wenn ihr einander liebt. Dann werden die Menschen kommen. Sie werden kommen, ihren Durst stillen und mit übervollen Gefäßen nach Hause zurückkehren. So verbreitet sich diese Lehre.

Es macht keine Mühe, im Dienst der Liebe zu stehen. Du liebst, und die Leute kommen zu dir. Du gestehst deine Fehler ein, offenbarst deine Sorgen und Ängste, und die Menschen schließen dich noch mehr in ihr Herz.

Religion

Es tut mir leid, wenn ich euch enttäuschen muss, aber die Wahrheit ist, dass niemand eine Religion braucht. Es ist nicht nötig, äußere Hüllen zu erhalten. Im

Gegenteil, sie müssen aufbrechen, wenn aus Samenkörnern Pflanzen wachsen sollen.

Wenn ihr tief genug im Garten eures Vertrauens grabt, werdet ihr jene Wahrheiten finden, die euch helfen, euer Herz für die Liebe zu öffnen. Und darauf müsst ihr euch konzentrieren. Dort müsst ihr die Samen pflanzen, die in eurem Leben Wurzeln schlagen sollen.

Im Frühling blühen viele schöne Bäume. Keiner ist besser als der andere. Jeder ist auf seine ganz eigene Weise schön. Und zusammen bilden sie einen wunderschönen Garten. Das Gleiche gilt für die verschiedenen Wege zum Göttlichen. Jeder Weg ist auf seine eigene Weise schön und wahr. Er spricht bestimmte Menschen an und andere nicht. Und genau so sollte es sein. Kein Baum ist besser als der andere. Keine Religion ist besser als die andere.

Welcher Tradition du auch angehörst, du musst das Samenkorn finden, es von seiner äußeren Hülle befreien und dafür sorgen, dass es in deinem Leben zu sprießen beginnt. Du musst zum Kern der Lehre vordringen, zu dem, was dich mit der Liebe verbindet, und es an deine Kinder weitergeben. Nur so kann eine Tradition gesund und lebendig bleiben.

Ein verdorrter Baum trägt keine Früchte. Eine Religion, die ihren Mitgliedern nicht hilft, sich mit der Liebe zu verbinden, wird nicht gedeihen.

Jeder kann eine Religion für „Eingeweihte" gründen und alle ausschließen, die seine Glaubenssätze in Frage stellen. Das hat nichts mit Spiritualität zu tun. Es resultiert eher aus der Unsicherheit des Individuums.

Sekten gedeihen auf dem Nährboden dieser Unsicherheit. Unter dem Vorwand spiritueller Hingabe, werden die Mitglieder aufgefordert, sich den autoritären Strukturen der Sekte zu unterwerfen. So wird Gehirnwäsche als Erleuchtung verkauft. Hierarchische, geschlossene Glaubenssysteme versprechen den Himmel auf Erden und sind in Wirklichkeit ein Gefängnis. Sie stellen Befreiung vom Leid in Aussicht, während sie ihre Mitglieder missbrauchen und kontrollieren. Man kann nicht verhindern, dass Menschen in solche Situationen hineingezogen werden, aber man kann ihnen die Hand reichen, wenn sie sich daraus befreien wollen.

Neue Schläuche für neuen Wein

Toleranz dem Andersartigen gegenüber ist eine sehr wichtige Voraussetzung dafür, dass ein sicheres und liebevolles Energiefeld entstehen kann. Die Menschen müssen nicht unbedingt die gleichen religiösen Überzeugungen haben, um sich spirituell verbunden zu fühlen. Spirituelle Verbundenheit entsteht durch die Bereitschaft, einen liebevollen, urteilsfreien Raum mit anderen zu teilen. Das kann überall geschehen, in jeder Gruppe, wenn die Menschen bereit sind, einander zu lieben und zu respektieren.

Es ist nun an der Zeit, dass sich Kirchen und Tempel neu definieren. Sie dürfen nicht länger Orte sein, wo Menschen sich in ängstlicher Übereinstimmung an lineare Glaubenssätze klammern. Sie müssen vielmehr zu Orten werden, wo die Selbsterforschung im Vordergrund steht und Unterschiede willkommen sind. Liebe, nicht Zustimmung muss zum Band werden, das die Gemeinschaft zusammenhält.

Nur in einer Gesellschaft, die unterschiedliche Sichtweisen toleriert, werden die Prinzipien Liebe und Gleichheit wirklich gelebt. Gleichheit setzt voraus, dass alle Meinungen gehört und alle Perspektiven in Betracht gezogen werden. Der Weg zur Wahrheit war noch nie einfach, und er war noch nie ein Weg der Zweckdienlichkeit.

Eine lebendige Kirche

In einer lebendigen Kirche kann jeder Einzelne seinen spirituellen Weg selbst wählen. Dabei hat er völlige Freiheit, muss aber auch bereit sein, allen anderen diese Freiheit zu geben. Niemand versucht, andere zu bekehren oder in Ordnung zu bringen. Alle bitten um bedingungslose Akzeptanz und Unterstützung auf ihrem spirituellen Weg und sind bereit, anderen dasselbe zu geben.

In einer lebendigen Kirche liegt die Macht in den Händen der Gemeinschaft. Die Rolle des Geistlichen besteht darin, den Menschen ein Beispiel zu sein und sie zu ermutigen, ihren eigenen spirituellen Weg zu gehen. Je erfolgreicher er darin ist, desto paritätischer wird die Organisation. Als geschickter Koordinator fordert der Geistliche die Mitglieder seiner Kirche auf, Verantwortung zu übernehmen, zu geben, was sie zu geben haben, und die Organisation mit ihm gemeinsam zu gestalten. Wenn die Gemeinschaft voll aufgeblüht ist, ist die Arbeit des Geistlichen an diesem Ort beendet und er kann sich zurückziehen oder sich anderswo neuen Herausforderungen stellen.

◆

Eine lebendige Kirche ist eine heilsame, therapeutische Gemeinschaft ohne Therapeuten oder Heiler. Sie verlangt von dir zu vertrauen und aus dem Weg zu gehen, damit die geistige Energie Heilung bewirken kann. Wenn du versuchst, Priester, Heiler oder Lehrer zu sein, verstärkst du in der Regel nur die Verwirrung, die Angst und die Schuld der Menschen um dich herum.

Eine lebendige Kirche bietet keine „Erlösungstechniken" an. Sie stellt lediglich einen geschützten Raum zur Verfügung, in dem die Menschen ihre Erfahrungen mit anderen teilen können. Sie fordert dich auf, ein liebevoller Zeuge für andere zu sein und auf diese Weise zur Entstehung dieses sicheren Energiefeldes beizutragen. Das ist alles. Und es reicht für ein ganzes Leben.

Es ist nicht nötig, dass du sämtliche Antworten parat hast, um wachsen, deine Ängste überwinden und ganzheitlicher leben zu können. Indem du deine eigene Geschichte erzählst und zuhörst, wie andere ihre Geschichten erzählen, beginnt der alchimistische Transformationsprozess in deinem Herzen.

Dieser Prozess folgt seinen eigenen Regeln. Er hat seine eigene Integrität und läuft nach seinem eigenen

Zeitplan ab. Wenn du gelernt hat, darauf zu vertrauen, übernimmt die geistige Welt die Führung, und Heilung und Wunder werden sich in deinem Leben wie von selbst einstellen.

Offener Geist, offenes Herz

Eine echte Gemeinschaft entsteht nur in einer Atmosphäre der geistigen und emotionalen Offenheit. Ihr könnt geistige Offenheit nicht fördern, indem ihr ein Dogma lehrt. Wenn ihr Antworten liefert, manipuliert und kontrolliert ihr die Menschen. Helft ihnen lieber, ihre Fragen zu formulieren und nach ihren eigenen Antworten zu suchen.

Ihr könnt emotionale Offenheit nicht fördern, indem ihr bestimmte Menschen aus eurer Gemeinschaft ausschließt und andere bevorzugt behandelt. Die Menschen öffnen ihr Herz, wenn sie das Gefühl haben, willkommen zu sein und als Gleiche unter Gleichen behandelt zu werden. Nichts verschließt ein Herz so schnell wie das Buhlen um Liebe und Anerkennung.

Deshalb muss das Augenmerk in der Gemeinschaft auf klaren Grenzen und einem gesunden Gruppenprozess liegen. Jeder muss die Chance haben, gehört zu werden, und ist gleichzeitig aufgefordert, auf eine Weise zu kommunizieren, die niemanden verurteilt. In einem sicheren Raum, wo alle Mitglieder der Gruppe ihre Gefühle zum Ausdruck bringen können, ohne andere anzugreifen, lösen sich

Missverständnisse, Urteile und Projektionen schnell auf. Die Menschen können in ihr Herz zurück kommen. Das Vertrauen wird wieder hergestellt.

◆

Indem du anderen deine Urteile und Ängste offenbarst, hilfst du mit, eine Atmosphäre des Mitgefühls und der Vergebung zu schaffen. Weder du noch sonst jemand soll sich selbst abwerten, wenn Urteile oder Ängste hochkommen. Wenn dem Ego Mitgefühl entgegengebracht wird, wird es von etwas anderem umfasst, von einer sanften, barmherzigen, akzeptierenden Kraft. Es spielt keine Rolle, wie du sie nennst.

Durch die Praxis der freiwilligen Beichte entsteht eine Gemeinschaft von Ebenbürtigen. Niemand ist spiritueller als irgendein anderer. Jeder trägt Urteile mit sich herum und möchte sie loslassen. Wenn eine Person einen Fehler zugibt, denken die anderen „ … genau wie ich; ich bin nicht anders als mein Bruder." Spiritualität wird nicht vorgetäuscht, niemand will perfekt sein, niemand schämt sich für seine Unvollkommenheit. Das Auf und Ab des Egos wird einfach akzeptiert. Geduld und Mitgefühl stehen im Vordergrund. Auf diese Weise wird das Energiefeld immer sicherer. Eine solche Gemeinschaft bietet bedingungslose Liebe und Vergebung. Sie ist ein sicherer Hort, wo das Ego sich zeigen kann, ohne verdammt zu werden, ein heiliger Raum, wo jedes Zurückweichen, jede Regung der Angst liebevoll angeschaut und losgelassen wird. Die Gemeinschaft ist ein Zufluchtsort, an dem sich Geist und Herz nur schließen, um sich noch weiter für die Liebe zu öffnen.

Wahre Liebe

Wahre Liebe ist immer bedingungslos. Sie schließt niemanden aus – aus keinem Grund. Sie verlangt von dir, hinter die äußere Fassade zu schauen und andere Menschen mit der inneren Gewissheit zu betrachten, dass der göttliche Funke in jedem glüht.

Wahre Liebe versucht nicht, andere an sich zu binden, zu kontrollieren oder zu versklaven. Im Gegenteil, sie lässt sie frei und ermutigt sie, ihre eigene Wahrheit zu finden. In welcher Kirche, in welchem Tempel ist das möglich? Welche religiöse Gemeinschaft gibt ihren Mitgliedern die Freiheit, sich im Namen der Liebe selbst zu verwirklichen?

Welche Kirche will alle Menschen lieben und einbeziehen? Welche Gemeinschaft bemüht sich darum, über ihre Ängste hinauszusehen und zu lernen, ihre Feinde zu lieben?

Als ich euch aufforderte, meine Kirche zu bauen, habe ich euch um eine solche Kirche gebeten. Habe ich euch etwa nicht gebeten, eine Gemeinschaft zu bilden, die anerkennt, dass das Christusbewusstsein in jedem Menschen wohnt, eine Gemeinschaft, die niemanden ächtet oder ausstößt? Ich frage euch: Was bedeutet Erlösung, wenn ihr sie nicht allen Menschen zugesteht, ohne Rücksicht auf ihre äußere Erscheinung oder ihren Glauben?

Die Menschen wissen intuitiv, dass ihr Leben nie mehr so sein wird wie zuvor, wenn sie sich auf diesen Weg machen. Ich verstehe das. Viele legen nur eine gespielte Hingabe an den Tag, während sie in Wirklichkeit nicht von ihrer Sucht nach Kontrolle lassen können. Sie wollen nur die lieben, die wie sie selbst sind, damit sie ihre Urteile über Menschen aufrecht erhalten können, die anders denken oder leben. So erscheinen sie nach außen hin spirituell, ohne das Risiko eingehen zu müssen, verletzbar zu sein. Sie sprechen von Liebe, tragen aber weiterhin ihren harten Panzer, an dem die Liebe abprallt. Es sieht aus wie Liebe, ist aber keine. Wahre Liebe würde den Panzer aufbrechen.

Fülle und Gnade

Armutsbewusstsein

Das Gefühl des Mangels entspringt der Überzeugung, der Liebe nicht wert zu sein. Wenn du glaubst, dass du es nicht wert bist, geliebt zu werden, projizierst du diesen Mangel auf deine Umgebung.

Die Erfahrung des Mangels ist keine Strafe Gottes. Sie spiegelt dir lediglich einen deiner Glaubenssätze, der korrigiert werden muss.

Fülle kommt nicht deshalb in dein Leben, weil du gelernt hast, irgendwelche obskuren Beschwörungsformeln zu rezitieren, sondern vielmehr, weil es dir gelungen ist, die verletzten Anteile deiner Psyche liebevoll anzunehmen. Liebe heilt sämtliche Gefühle der Trennung und des Mangels und lässt dich zur ursprünglichen Wahrnehmung der Ganzheit zurückkehren, in einen Zustand der Freiheit von Sünde oder Schuld.

Reichtum

Im Gegensatz zur landläufigen Vorstellung bedeutet Reichtum nicht, dass du eine Menge Geld oder materielle Güter besitzt. Reich bist du, wenn du hast, was du brauchst, es weise nutzt und das, was du nicht brauchst, an andere weitergibst. Dann ist dein Leben im Gleichgewicht. Du hast nicht zu wenig und nicht zuviel.

Andererseits bedeutet Armut nicht, dass du zu wenig Geld oder materielle Güter besitzt, sondern lediglich, dass du nicht wertschätzt, was du hast, es nicht weise nutzt und nicht mit anderen teilst. Armut kann sowohl bedeuten, dass du zu wenig hast, als auch, dass du zuviel hast. Dein Leben ist aus dem Gleichgewicht geraten. Du willst, was du nicht hast, oder du hast, was du nicht willst.

Ich kann dir versichern, dass du nicht glücklicher wirst, wenn du nur deinen materiellen Reichtum mehrst. Du wirst nur dadurch glücklicher, dass du deine Energie, deinen Selbstausdruck und deine Liebe steigerst. Wenn all das auch deinen Geldbeutel füllt, ist nichts dagegen einzuwenden. Auf diese Weise hast du mehr, was du genießen und mit anderen teilen kannst.

Dein Lebensziel sollte nicht darin bestehen, materielle Güter anzuhäufen, die du weder brauchst noch verbrauchen kannst, sondern darin, soviel zu verdienen wie du brauchst, so dass du es genießen und freudig mit anderen teilen kannst.

Ein reicher Mensch besitzt nicht mehr, als er oder sie verantwortungsvoll und produktiv nutzen kann. Er versucht nicht besessen, seinen Besitz zu verteidigen oder Dinge zu bekommen, die er nicht braucht. Er ist mit dem zufrieden, was er hat und offen für alle Geschenke, die Gott in sein Leben bringt.

Das Gesetz des Energieflusses

Du kannst nur geben und empfangen, was du hast – nicht, was du nicht hast. Es ist sinnlos, etwas geben oder empfangen zu wollen, was man nicht hat. Das kann nur zu Enttäuschung und Leid führen.

Wenn du liebst, empfängst du auch Liebe, weil die Liebe stets zu sich selbst zurückkehrt. Wenn du Liebe forderst, wirst du dich mit den Forderungen anderer konfrontiert sehen. Wie du säst, so wirst du ernten. Die Energie fließt immer im Kreis. Das ist eine Gesetzmäßigkeit. Was hinausgeht, kommt zurück und was zurückkommt, geht hinaus. Es gibt keinen Unterschied zwischen Geben und Nehmen. Geben ist Nehmen. Nehmen ist Geben. Wenn du das verstanden hast, ist das Spiel zu Ende. Das Geheimnis ist gelüftet.

Ökonomische Gerechtigkeit

Wenn du gibst, was du hast, bleibt der Fluss der Ressourcen in Bewegung. Wenn du weniger gibst, als du hast, verursachst du ein Ungleichgewicht. Niemand außer dir selbst, kann beurteilen, was oder wie viel du zu geben hast. Deshalb kann kein Wirtschaftssystem der Welt, wie integer oder gerecht es auch sein mag, eine faire Verteilung der kollektiven Ressourcen garantieren. Nur faire Menschen können eine faire Ökonomie schaffen. Fairness kann nur auf freiwilliger Basis entstehen, nie durch Kontrolle. Die Menschen müssen die Freiheit haben, Fehler zu machen und aus ihnen zu lernen. Andernfalls ist das System nicht offen genug, um Wachstum möglich zu machen.

Energie und Form

Energie dehnt sich aus. Formen und Strukturen sind fest. Das liegt in der Natur der Sache und ist einer der unvermeidlichen Gegensätze, mit denen ihr leben müsst.

Die Schöpfungsenergie will dich öffnen, aber die Struktur deines Körpers und deines Geistes widersetzt sich dieser Ausdehnung. Es ist wichtig zu erkennen, dass alle Strukturen der Vergangenheit angehören, während reine Energie nur im Augenblick existiert. Sie ist wie Wasser, das an dir vorbeifließt, wenn du am Ufer sitzt und den Fluss betrachtest. Du siehst nie dasselbe Wasser. Und so ist auch die Energie in dir nie dieselbe wie vor fünf Minuten. Es ist immer neue Energie.

Das ist ein großes Glück, denn es bedeutet, dass du nie an die Vergangenheit gebunden bist. Jede Veränderung deines Bewusstseins in der Gegenwart wirkt sich unmittelbar auf die Energie aus, die durch dich hindurchfließen kann. Liebe öffnet die Geist-Körper-Einheit für ihr maximales energetisches Potential. Ein anderer Mensch kann „fühlen", wie die Energie der Akzeptanz, der Dankbarkeit und der Liebe unmittelbar von dir zu ihm überfließt. Das wiederum öffnet sein Herz und seinen Geist für sein eigenes Potential und macht es ihm möglich, seine Kreativität mit anderen zu teilen. Auf diese Weise entsteht Reichtum in der Welt.

Die Ziele des Egos aufgeben

Die Schöpfungsenergie fließt durch dich zu anderen und durch andere zu dir. Wenn du dich auf diese Energie einschwingen willst, musst du dich von den Zielen abwenden, die sich dein Ego gesetzt hat. Dein Ego geht von der Voraussetzung aus, dass du Menschen und Situationen manipulieren kannst, um die von dir gewünschten Ergebnisse zu erzielen. Aber leider ist dein Ego kurzsichtig und egoistisch. Es nimmt keine Rücksicht auf das Wohlergehen anderer und lässt demnach dein höheres Wohl außer acht.

Wenn du jemanden um etwas betrügst, das ihm zusteht, verlierst du nicht nur das, was du zu gewinnen glaubtest, sondern auch noch das, was du durch weniger egoistisches Verhalten gewonnen hättest. Jeder Versuch, durch Egoismus etwas zu gewinnen, führt zu Verlust und Niederlage, weil egoistische Verhaltensweisen von der universalen Energie nicht unterstützt werden.

Menschen, die andere übervorteilen oder ausnutzen, scheinen durch ihre Entschlossenheit und Geschicklichkeit zunächst oft die Oberhand zu gewinnen, aber auf lange Sicht ziehen sie den kürzeren. Ihr Sieg ist temporär. Goliath herrscht nur solange, bis David sich erhebt, um ihn zu besiegen. Am Ende kommt es, wie ich es euch gesagt habe: „Die Sanftmütigen werden die Erde besitzen."

Gnade

Du erfährst Gnade, wenn du bei dem verweilst, was ist. Wenn du dagegen ankämpfst, wenn du versuchst, es zu ändern, entsteht ein Konflikt. Gnade erfährst du durch Annehmen. Kampf und Konflikt entstehen, wenn du etwas ablehnst oder in Ordnung zu bringen versuchst. Gnade entspricht dem natürlichen Energiefluss, Kampf ist unnatürlich. Gnade ergibt sich mühelos, Kampf kostet viel Kraft. Kampf heißt, dass du dem natürlichen Energiefluss im Weg stehst. Gnade bedeutet, dass du aus dem Weg gehst.

Niemand ist permanent im Zustand der Gnade. Neue Lektionen tauchen auf und müssen gelernt werden. Wie weit sich das Herz auch geöffnet haben mag, es wird immer wieder Zeiten geben, in denen es sich ängstlich zusammenzieht. Damit muss man rechnen.

Gnade kommt und geht. Manchmal bist du im Fluss und manchmal nicht. Gott erscheint und verschwindet wieder. Das Selbst wird erinnert und wieder vergessen.

Gnade ergibt sich aus dem Fluss des Lebens, nicht von ihm getrennt. Das Leben ist immer in Bewegung, wie ein Fluss, der sich durch die unterschiedlichsten Landschaften windet. Er entspringt als Quelle in den

Bergen und schießt wild und ungestüm zu Tal, um sein Ziel zu erreichen. Dann wird er ruhiger und bewegt sich langsam, scheinbar eine Ewigkeit durch Ebenen und Felder, teilt sich in zwei Ströme, vereint sich mit anderen Gewässern. Wenn er schließlich das Meer erreicht, ist alles Drängende, alle Ungeduld einem tiefen, starken Vertrauen gewichen, das durch Erfahrung gewachsen ist. Wenn der Fluss in den Ozean mündet, sieht er sich nicht mehr als etwas vom Ozean Getrenntes. Er ruht vollkommen in sich selbst – ohne Anfang und ohne Ende.

Dir wird es genauso ergehen. Wenn du dich völlig in dein Leben hineingibst, wird alles, was dich getrennt hielt, sanft weggewaschen. Mit dem Einatmen öffnest du dich dem, was kommt. Mit dem Ausatmen lässt du es sanft los.

◆

Du gelangst in den Bereich der Gnade, wenn du dir selbst oder einem anderen Menschen Liebe schenkst. Du begibst dich in die Sphäre der Angst, wenn du dir selbst oder anderen Liebe vorenthältst. Wann immer du dich in einem bestimmten Bereich befindest, stellst du die Realität des jeweils anderen Bereichs in Frage. Deshalb hast du oft das Gefühl, dass es zwei verschiedene Welten gibt, die sich gegenseitig ausschließen.

Ein dankbarer Mensch kann sich nicht vorstellen, dass er ungerecht behandelt wird. Der Verbitterte kann sich nicht vorstellen, dass Gott ihn liebt. In welcher Welt möchtest du leben? Es ist deine Wahl.

Dankbarkeit entspringt aus dem Entschluss, die Gnade Gottes in allem zu sehen. Niemand, der sich so entscheidet, kann unglücklich sein. Denn die Entscheidung, alles dankbar anzunehmen, führt so sicher zum Glücklichsein, wie die Entscheidung, alles gering zu schätzen, in Unglück und Verzweiflung führt. Das eine ist unterstützend und ermutigend, das andere entwertend und zerstörerisch.

Der Tanz des Lebens

Wenn du verstehen willst, was Flexibilität bedeutet, brauchst du nur einen jungen Baum im Wind zu beobachten. Sein Stamm ist dünn und zerbrechlich, und doch besitzt er außerordentliche Kraft und Ausdauer. Er bewegt sich mit dem Wind und kämpft nicht gegen ihn an.

Wenn die richtigen Bedingungen für ein bestimmtes Ereignis gegeben sind, wird es sich mühelos einstellen. Sind die Bedingungen ungünstig, kann es auch mit großer Mühe nicht herbeigeführt werden. Um sich mit dem Wind bewegen zu können, muss man sehr sensibel für die vorherrschenden Bedingungen sein. Manchmal muss man still sein und sich zurückziehen, ein anderes Mal muss man energisch handeln.

Beobachte den Baum, der sich im Wind bewegt. Er hat tiefe Wurzeln und breite Äste. Unten ist er fest verankert, oben ist er flexibel. Er ist ein Symbol für Kraft und Hingabe. Du kannst dieselbe Stärke entwickeln, wenn du allen Situationen in deinem Leben flexibel begegnest. Steh aufrecht und sei im Augenblick verankert. Wisse um deine Bedürfnisse, aber lass zu, dass das Leben sie auf seine Weise erfüllt. Bestehe nicht darauf, dass deine Bedürfnisse auf eine bestimmte Art erfüllt werden. Sonst leistest du nur unnötigen Widerstand. Der Stamm bricht, wenn der Baum versucht, dem Wind Widerstand zu leisten.

Bewege dich mit dem Wind. Dein Leben ist ein Tanz. Es ist weder gut noch schlecht. Es ist eine ständige Bewegung, ein Kontinuum.

Du hast eine einfache Wahl zu treffen. Du kannst tanzen oder es sein lassen. Doch deine Entscheidung, nicht zu tanzen, holt dich nicht einfach von der Tanzfläche herunter. Um dich herum geht der Tanz weiter.

Buddhas Fenster

Buddha begann seine Reise am gleichen Ausgangspunkt wie du. Das Wesen des Leids ändert sich nicht. Du hast weder ein spezielles Handikap, noch wurden dir weniger Fähigkeiten mitgegeben als ihm. Es besteht kein Unterschied zwischen dir und Buddha oder zwischen Buddha und mir. Du bist reines Sein. Buddha ist reines Sein. Du leidest unter der Identifikation mit der Form und kämpfst dagegen an. Das tat Buddha auch. Und ich. Jeder von uns wird geprüft. Jeder von uns baut auf Treibsand wird in den Schlamm der begrenzten materiellen Existenz gezogen. Aber wir sind nicht das Begrenzte. Wir erschaffen alle Bedingungen selbst. Sobald wir aufhören, unsere Bereitschaft, das Leben zu akzeptieren, an bestimmte Bedingungen zu knüpfen, fällt die relative Existenz weg.

Wir sind die Lotosblüte, die auf der trüben Oberfläche des Teiches schwimmt. Wir sind das Bewusstsein, die tiefe Erkenntnis, die aus der Dunkelheit emporwächst. Wir sind die weiße Blume, die von diesem schlammigen Wasser genährt wird.

Schönheit, die frei von Traurigkeit ist, wirst du nirgendwo finden. Freude, die frei von der Schärfe des Schmerzes ist, wirst du vergeblich suchen. Alles Transzendente kommt aus dem Verdichteten, das Licht aus der Dunkelheit, die Blüte aus dem Schmutz.

Gib dein starres, lineares Denken auf, lass deine festgefahrenen Vorstellungen von Spiritualität los. Das Leben ist nicht eindimensional. Wenn das Absolute wahrhaftig absolut ist, dann gibt es keinen Ort, an dem es nicht zu finden wäre. Hör auf, eine Seite zu wählen. Lerne, beide Seiten anzunehmen und arbeite dich zu Mitte vor. Die Extreme spiegeln einander. In jedem Konflikt haben beide Parteien die gleiche Lektion zu lernen.

Es gibt nur einen Weg zur Freiheit. Buddha nannte ihn den Mittleren Weg, den Weg zwischen den Extremen. Du gelangst nicht dorthin, indem du Partei ergreifst. Du gelangst nicht dorthin, indem du das Gute dem Schlechten oder das Licht der Dunkelheit vorziehst. Dein Weg führt durch den Punkt, an dem sich Gut und Böse kreuzen, an dem das Licht sich bricht und lange Schatten wirft. Es gibt keine Landkarten, auf denen dieser Punkt eingezeichnet wäre. Wenn du jemanden fragst, sagte der eine: „Geh nach rechts" und der andere sagt: „Geh nach links."

Fragst du den Pessimisten, wo die Wahrheit zu finden ist, so wird er dir antworten: „Gestern war sie da, du hast sie verpasst." Der Optimist sagt dir: „Morgen wird sie da sein." Wessen Antwort ist die richtige? Gibt es überhaupt eine richtige Antwort? Oder besteht die Illusion bereits darin, dass du eine richtige Antwort erwartest?

Wenn du die Auseinandersetzung beobachten kannst, ohne Partei zu ergreifen, wenn du mitten auf dem Schlachtfeld stehen kannst, ohne irgend jemanden anzugreifen, dann bist du dort angekommen, wo der Lotos blüht. Nur wenige werden es bemerken, aber das spielt keine Rolle. Du bist zu Hause angekommen. Du bist durch den Schleier geschlüpft. Nun bist du kein Objekt mehr, in dem sich das Licht bricht, sondern ein Fenster, durch welches das Licht hindurchscheinen kann.

Das Königreich Gottes

Essenz

Die göttliche Essenz wird nicht geboren und stirbt nicht. Sie existiert bereits vor der physischen Geburt und lebt nach dem physischen Tod weiter. Das Auf und Ab der mentalen und emotionalen Erfahrungen berühren sie nicht. Sie ist eine stete, liebevolle Präsenz, zu der du zurückkehrst, wenn du aufgehört hast, dich selbst zu kreuzigen oder andere anzugreifen.

Wenn du dich ungeliebt, wertlos oder von anderen abgeschnitten fühlst, hast du deine Essenz vergessen. Wenn du dich an sie erinnerst, wird dir auch deine spirituelle Verbindung mit allen Wesen wieder bewusst. Das hat nichts mit deinem Geschlecht, deiner Abstammung, deiner wirtschaftlichen Situation, deiner Nationalität oder deiner Religion zu tun. Es hat auch nichts mit der Person zu tun, die du zu sein glaubst oder die andere in dir sehen.

Die göttliche Essenz in dir ist ganz und gar liebenswert und liebevoll. Wenn du mit deiner Essenz in Kontakt bist, weißt du, dass du so wie du bist, vollkommen in Ordnung bist. Nichts an dir oder irgend jemand anderem muss „verbessert" oder „in Ordnung gebracht" werden. Wenn du in Kontakt mit deiner Essenz kommen willst, musst du sämtliche Urteile über dich selbst und deinen Bruder oder deine Schwester fallen lassen.

Den Schleier lüften

Wenn du im Außen suchst, findest du Gott nicht. Gott ist im Innern. Gott ist nicht in den flüchtigen Erscheinungen des Lebens zu finden. Sie sind nur der Schleier. Wenn du die Wahrheit entdecken willst, musst du den Schleier lüften.

Gott ist nicht das Temporäre, das Veränderliche, das Unbeständige. Gott ist das Ewige, das Unveränderliche, das Konstante, weil Gott Liebe ist und weil er nie aufhört, Liebe zu sein. Wenn du nicht in deinem eigenen Herzen nach Gott suchst, kann es sein, dass du dein ganzes Leben lebst, ohne jemals zu erfahren, dass es Ihn gibt. Darüber kannst du verbittert und wütend werden. Und daran wird sich nichts ändern, solange du in der Außenwelt nach Bestätigung oder Anerkennung suchst.

Du musst eine Kehrtwendung machen. Du musst dich dorthin wenden, wo Gott wohnt. Du musst den Ort in deinem Inneren finden, an dem du dich ohne Bedingungen mit der Liebe verbinden kannst. Aber das ist nicht möglich, solange du andere beschuldigst oder an altem Groll festhältst. Es ist auch nicht möglich, wenn du dich schuldig fühlst und dich selbst für deine Fehler verurteilst. Du musst alle Urteile über dich selbst und andere loslassen. Du musst innerlich leer und mit offenen Armen zu Gott kommen.

Die Tür zur göttlichen Präsenz

Die Tür zur göttlichen Präsenz öffnet sich in deinem Herzen. Sie öffnet sich, weil du dich selbst in diesem Augenblick liebevoll annimmst. Sie öffnet sich, indem du andere liebevoll annimmst, so, wie sie in diesem Augenblick sind. Sie öffnet sich durch deine Bereitschaft, mit anderen zusammenzusein, ohne über sie zu urteilen und ohne zu versuchen, sie „in Ordnung zu bringen".

Die Tür zur göttlichen Präsenz öffnet sich einfach dadurch, dass du dich in diesem Moment an Gott erinnerst. Sie öffnet sich, wenn du es nicht mehr nötig hast, die Realität deinen Vorstellungen anzupassen, wenn du alles, was du zu wissen glaubst, aufgeben und jedem Augenblick ohne Erwartungen begegnen kannst.

Wenn du dich mit der göttlichen Präsenz verbinden willst, dann öffne dein Herz. Geh sanft mit dir selbst und anderen um. Sieh deine Urteile als das, was sie sind: ein Hindernis auf dem Weg zu innerem und äußerem Frieden.

Gott ist nichts Abstraktes. Er ist eine lebendige Präsenz in deinem Leben. Er ist der Atem, der allen Formen Leben einhaucht. Er ist das höchste, allumfassende Verstehen, die Liebe, die alle Wesen segnet.

◆

Geh nicht davon aus, dass deine Beziehung zu Gott mit der Beziehung vergleichbar ist, die andere Menschen zu Gott haben. Versuche nicht, den Grad deiner

„Spiritualität" zu bestimmen, indem du deine Erfahrungen mit den Erfahrungen anderer vergleichst. Gottes Präsenz offenbart sich in deinem Leben auf einzigartige Weise.

Akzeptiere die Gottesvorstellungen anderer nicht und begehe auch nicht den Fehler zu glauben, dass irgendein anderer Mensch über mehr spirituelles Wissen verfügt als du selbst. Hör nicht auf die Priester, die Medien und die Schamanen, die dir ihre Antworten überstülpen wollen. Sie sind Blinde, die Blinde führen wollen. Jeder, der Gott nah ist, weiß, dass nur du allein es bist, der Gott erlaubt, in deinem Leben präsent zu sein.

Pflege deine Beziehung zu Gott direkt – ohne Vermittler. Geh in die Stille deines Herzens. Sprich mit Gott. Bete und bitte um Führung. Stell deine Fragen und lausche auf Gottes Antworten in deinem Innern. Achte auch auf die Zeichen und Botschaften, die Gott dir schickt.

Lerne Gott persönlich kennen. Akzeptiere keine Stellvertreter. Und sei dir absolut der Tatsache bewusst, dass eine Botschaft, die dir Angst macht, niemals von Gott kommen kann oder von Menschen, die Ihm dienen.

Schreib anderen nicht vor, was sie tun sollen, und lass dir selbst von niemandem etwas vorschreiben. Selbst eure heiligen Schriften geben nur die Erfahrungen anderer wieder. Akzeptiere keine Lehre außer der, die aus deinem eigenen Herzen kommt.

Verbinde dich mit Gott in der Stille. Dort begegnest du ihm von Angesicht zu Angesicht. Du bist gut genug, mein Freund, meine Freundin. Du kannst alle Juwelen des Wissens in deinem eigenen Geist finden und alle Freuden des Himmels in deinem eigenen Herzen.

Kommt mit anderen im Geiste gegenseitiger Achtung und Dankbarkeit für Gottes Segen zusammen. Meditiert und betet gemeinsam. Brecht das Brot gemeinsam. Gebt, nehmt und dient gemeinsam, aber versucht nicht, euch gegenseitig auf den „rechten Weg" zu bringen. Würdigt die Erfahrung des anderen. Sie ist heilig. Sie entzieht sich jeglicher Bewertung und jeden Kommentars.

Die höchste Wahrheit

Nicht durch Konformität gelangst du zur Wahrheit, sondern durch Authentizität. Wenn du den Mut hast, du selbst zu sein, findest du die höchste Wahrheit, die dein Geist erfassen kann. Und wenn du die höchste Wahrheit in dir selbst entdeckt hast, erkennst du sie auch in anderen.

Keine Rezepte für andere

Versucht nicht, andere vom „rechten Weg" zu überzeugen. Ein spiritueller Mensch vertraut darauf, dass jeder seinen eigenen Weg findet. Er hält nicht nach Schülern oder Jüngern Ausschau. Diejenigen, die Anhänger suchen, müssen diese beherbergen und ernähren. Sie werden keine Freiheit finden, weil sie keine Freiheit gewähren.

Freiheit erfährst du, wenn du jede Form von äußerer Autorität zurückweist und dich weigerst, eine Autorität für andere zu sein. Das ist paradoxerweise auch der Moment, in dem das Ego zum Selbst wird.

◆

Solltest du deine Erfahrungen mit anderen teilen? Natürlich! Deine Geschichte kann anderen eine große Hilfe sein. Aber dieses Angebot hat klare Grenzen: Es ist deine Geschichte und kein Patentrezept für andere. Die Wahrheit, die ein anderer Mensch in deiner Geschichte erkennt, ist die Wahrheit, die für ihn bestimmt ist. Und es wird für jeden Menschen, der deine Geschichte hört, eine andere Wahrheit sein.

Letztendlich bist du allein für die Glaubenssätze verantwortlich, die du annimmst. Ein anderer Mensch kann dir schreckliche Lügen erzählen, aber er ist zu keiner Zeit dafür verantwortlich, dass du sie glaubst. Verschwende also deine Zeit nicht damit, dich über einen Guru, eine Sekte oder die Kirche zu beklagen. Sei ihnen lieber dankbar, denn sie haben dir, wenn auch vielleicht unbewusst, einen großen Dienst erwiesen. Sie haben dir klar gezeigt, was du meiden musst.

Jeder gibt irgendwann seine Macht an andere ab – damit er lernen kann, sie wieder zurückzuholen. Das ist eine wichtige Lektion auf dem spirituellen Weg. Sei dankbar, wenn du diese Lektion gelernt hast, denn das bedeutet, dass du deiner eigenen Wahrheit, der universalen Wahrheit und damit Gott ein Stück näher gekommen bist.

Die wahre Autorität des Herzens

Die wahre Autorität deines Herzens unterwirft sich nicht den Wünschen und der Bedürftigkeit anderer Menschen, wie geschickt verkleidet diese auch daherkommen mögen. Sie unterwirft sich aber auch nicht deinen eigenen Wünschen und deiner eigenen Bedürftigkeit, die unweigerlich deiner Angst entspringen. Die wahre Autorität deines Herzens segnet dich in deiner Ganzheit. Sie wünscht nicht und braucht nicht. Sie ist nicht auf Anerkennung von außen bedacht.

Wahre innere Autorität ist felsenfest und genügt sich selbst. Sie bewegt sich auf ihre größtmögliche Freude zu, ohne anderen zu schaden. Sie weiß jenseits allen Zweifels, dass ihre Freude die Freude anderer nicht einschränkt. Sie dient anderen – aber nicht aus einer Opferhaltung heraus, sondern weil sie von einer inneren Freude bewegt wird, die sich permanent nach außen verströmen möchte.

Die wahre Autorität deines Herzens ist weder auf die Anerkennung anderer angewiesen, noch hat sie den Wunsch, es sich auf Kosten anderer gut gehen zu lassen. Sie lässt sich nicht in die Dramen anderer Menschen hineinziehen, aber auch nicht in dein mit den unterschiedlichsten Wünschen und Bedürfnissen verbundenes eigenes inneres Drama.

Du kannst sie Gott nennen oder höheres Selbst. Du kannst sie auch dein Christusbewusstsein oder deine Buddha-Natur nennen. Namen und Bezeichnungen spielen keine Rolle. Zugang zu dieser Autorität bekommst du in der Stille, indem du dich und andere annimmst und bereit bist, in jedem Augenblick ganz präsent zu sein. Du sinkst durch die oberflächlichen Dichotomien des Verstandes in die Tiefe deines Herzens. Und dort begegnest du Gott. Er ist kein von dir getrenntes Wesen, sondern dein Selbst. In der Stille schlägt nur ein einziges Herz. Es kann niemand anderem gehören, denn außer dir ist niemand da.

Sich im Göttlichen auflösen

Das Menschliche muss sterben, damit das Göttliche geboren werden kann. Nicht weil es schlecht ist, sondern weil es die Hülle ist, die den Geist begrenzt, der Kokon, der die Flügel des Schmetterlings umschließt.

Du brauchst nicht bis zu deinem physischen Tod zu warten, wenn du das Menschliche sterben lassen willst. Es kann sich in diesem Augenblick im Göttlichen auflösen, wenn du bereit bist, deine Opferrolle, deine Widerstände, dein Versteckspiel aufzugeben und all deine Projektionen und Anklagen fallen zu lassen.

Du kannst nicht fliegen, solange du keinen Anspruch auf deine Flügel erhebst. Doch wenn du das erst einmal getan hast, kannst du nicht länger im Schatten deiner Angst verweilen.

Du hast die Wahl. Wie wirst du dich entscheiden? Was möchtest du sein: Opfer oder Engel?

Dazwischen gibt es nichts! Das, was dazwischen zu existieren scheint, ist nur die menschliche Hülle, jenes Wesen, das sich noch nicht wirklich entschieden hat – die Raupe, die davon träumt, ein Schmetterling zu sein.

Der Lichtträger

Du, mein Freund, bist der Lichtträger, der Messias, derjenige, der die Erlösung bringt. Du selbst bringst die Liebe, die du einst bei anderen gesucht hast. Du bist es, der sich aus zerstörerischen Mustern und destruktiven Beziehungen befreit. Du bist der einzige Mensch, der in deine Erfahrung eintauchen und sie ganz annehmen und transformieren kann.

Nur wenn du weißt, dass du der Lichtträger bist, verschwindet die Dunkelheit. Doch bevor du zum Lichtträger werden kannst, musst du durch deine eigene Dunkelheit hindurch gehen. Der Lichtträger verleugnet die Dunkelheit nicht. Er geht durch sie hindurch.

Wenn es in bezug auf dich oder irgend einen anderen Menschen nichts mehr gibt, das anzuschauen du dich fürchtest, dann hat die Dunkelheit keine Macht mehr über dich. Dann kannst du durch sie hindurch gehen und selbst das Licht sein.

Wenn du vorgibst, ein Lichtträger zu sein, bevor du dich mit deiner eigenen Angst konfrontiert hast, dann bist du ein Blender, ein ungeheilter Heiler, ein Heuchler. Alle ungeheilten Heiler müssen irgendwann von ihrem imaginären Podest heruntersteigen. Dort, wo Licht nur vorgetäuscht wird, herrscht weiterhin Dunkelheit.

Damit du das Licht sein kannst, musst du die Dunkelheit annehmen, deine eigene Dunkelheit und die Dunkelheit eines jeden anderen Menschen. Du musst mit dem Ego ins Reine kommen und seine absolute Nichtigkeit erkennen. Du musst lernen, Angst mit Liebe im Herzen anzuschauen: deine Angst, die Angst deiner Schwester, die Angst des Vergewaltigers, die Angst des Mörders.

Du musst wissen, dass jede Angst derselben Quelle entspringt: einem Mangel an Liebe. Liebe ist die Antwort auf dein schmerzlichstes Gefühl der Trennung. Nicht die Liebe eines anderen Menschen. Deine Liebe.

Indem du die Fackel der Wahrheit in die Hand nimmst und den verwundeten Anteilen deiner Psyche Liebe bringst, holst du dir deine Macht zurück. Du gibst deine Opferrolle auf. Man kann dich nicht länger unfair behandeln, weil du selbst die Quelle der Liebe, des Annehmens und der Vergebung bist.

Woher kommt die Liebe? Sie kommt von dir. Du bist der Weg, die Wahrheit und das Leben, wie ich es war. Suche das Göttliche nicht außerhalb von dir selbst. Indem du dich segnest, erfährt die ganze Welt Vergebung.

◆

Wann kommt das Königreich Gottes auf die Erde? Sobald du bereit bist, dein Herz zu öffnen und durch deine Ängste hindurchzugehen.

Wann kommt der Messias? Er kommt nicht irgendwann, sondern jetzt. Jetzt hat die Trennung, die Projektion, die Todesangst ein Ende. Jetzt.

Verlege die Erlösung nicht in eine ferne Zukunft, sonst kommt sie nie. Bitte jetzt darum. Nimm sie jetzt an. Das Reich Gottes manifestiert sich nur in diesem Augenblick.

Wann kommt der Himmel auf die Erde? Wenn dieser Moment genug ist. Wenn dieser Ort genug ist. Wenn dieser Freund genug ist. Wenn diese Ereignisse und Gegebenheiten akzeptabel sind. Wenn du dich nach nichts anderem sehnst als nach dem, was du bereits hast.

Wunder und spirituelle Praxis

Wunder kann man nicht planen

Wunder haben nichts mit logischem, linearem Denken zu tun. Man kann sie nicht planen. Man kann nicht lernen, sie zu „machen" oder zu empfangen.

Wunder offenbaren sich spontan dem Herzen, das sich geöffnet und dem Geist, der seinen Wunsch nach Kontrolle oder Wissen aufgegeben hat.

Gott verlangt nicht von dir, deinen Verstand auszuschalten und nur noch blind zu glauben. Er bittet dich um etwas viel Einfacheres: „Hör einfach auf zu urteilen, hör auf, nach Fehlern zu suchen, versuche nicht länger, das Leben deinen Vorstellungen anzupassen."

Wenn du dein Leben frei von den Einschränkungen wahrnimmst, die du dir normalerweise auferlegst, lösen sich Probleme von selbst. Beziehungen kommen ins Lot. Du hörst einfach auf, in Gottes Plan hineinzupfuschen.

Was ist Gottes Plan? Heilung, Versöhnung, freudvoller Selbstausdruck und echte Verbundenheit. Gott will das Wunderbare jederzeit geschehen lassen. Überall, wo dein Ego ein Problem oder eine Grenze sieht, sieht Gott eine Gelegenheit, noch intensiver zu lieben.

Gott sagt: „Lass die Vergangenheit los und schaffe Raum für etwas Neues und Schöneres." Du hast Angst, das zu tun, denn du willst am Altbekannten festhalten. Du willst Kontinuität.

Wenn etwas Kontinuität hat, ist es nicht wunderbar. Wunderbare Ereignisse sind keine Fortsetzung dessen, was zuvor geschehen ist. Sie weisen darauf hin, dass ein Energieumschwung stattgefunden hat, dass man sich von der bisherigen Wahrnehmungsebene wegbewegt hat. Wunder sind unvorhersehbar und geschehen ganz unerwartet.

Ihr nennt solche Ereignisse „Wunder", weil Gott dabei seine Hand im Spiel hat. Aber Wunder könnten nicht ohne eure Zustimmung geschehen. Wenn ihr die Vergangenheit nicht loslassen könnt, können sich keine Wunder in eurem Leben ereignen. Ihr bereitet den Boden für sie. Ihr schafft den Raum, in dem das Wunderbare geschehen kann.

Eine höhere Ordnung

Alle Ereignisse sind Teil einer höheren Ordnung, deren Bedeutung sich all jenen erschließt, die ihr Herz und ihren Geist für neue Erfahrungen öffnen. Jedes Ereignis, wie unglücklich es auch scheinen mag, hat einen tieferen Sinn.

Als Krüppel bist du nicht weniger heilig als ein Mensch, dessen gebrochene Glieder auf geheimnisvolle Weise wieder heil wurden. Sei nicht so töricht, dich für schlecht oder „unheilig" zu halten, wenn sich in deinem Leben nicht genau das Wunder einstellt, das du dir wünschst.

Dieses Denken entspringt einer oberflächlichen Betrachtung des Lebens. Wenn du das Wunder des Lebens verstehen willst, musst du unter die Oberfläche schauen.

Wunder stellen dein herkömmliches Weltbild in Frage. Sie zwingen dich, deine Interpretation des Lebens zu verwerfen, damit du die jenseits davon existierenden Möglichkeiten erkennen kannst.

◆

Visualisierung kann ein sehr wirkungsvolles Werkzeug sein. Sie kann die Wahrnehmung verändern und zur Heilung beitragen. Dennoch würde ich dir nicht raten, dich auf die Eisenbahnschienen zu legen und zu visualisieren, wie der Zug verschwindet, der mit hundert Stundenkilometern auf dich zurast.

Deine Empfänglichkeit für das Wunderbare zeigt sich nicht darin, dass du versuchst, die physische Realität zu manipulieren. Das ist eine Aktivität des Egos. Der Versuch, Wunder auf Verlangen zu produzieren, ist eines Clowns würdig – nicht eines spirituellen Menschen.

Du zeigst deine Empfänglichkeit für das Wunderbare, indem du dich deiner Erfahrung hingibst und dich in jedem Augenblick mit Gottes Willen verbindest. Es ist nicht deine Aufgabe, die Naturgesetze zu verändern, du sollst vielmehr mit ihnen arbeiten.

Die Tür

Ich habe dir gesagt, dass du Wunder in deinem Leben wirken wirst, so wie ich es tat. Wenn du eine liebevolle Präsenz bist, werden die Menschen durch dich nach Hause finden – zu ihrem wahren Selbst.

Du siehst, es spielt keine Rolle, wer die Tür ist. Ich könnte es sein, du könntest es sein. Auch ein anderer Bruder oder eine andere Schwester könnte diese Tür sein. Es ist nicht nötig, die Tür zu verehren.

Wenn die Tür verehrt werden muss, ist sie keine Tür mehr. Wenn die Menschen nach dem Finger greifen, der zum Mond weist, können sie nicht mehr erkennen, wohin er zeigt.

◆

Ich habe nie gesagt, dass ihr durch Wände gehen oder auf dem Wasser wandeln sollt. Ich habe immer nur auf die offene Tür gezeigt und euch gefragt, ob ihr bereit seid einzutreten. Und das ist alles, was ihr euren Bruder und eure Schwester fragen müsst.

Ein Mensch, der bedingungslos liebt, ist nie von Ergebnissen abhängig. Menschen kommen und gehen. Du weißt nie, woher, wohin und warum. Bei manchen Menschen bist du sicher, dass sie leichtfüßig durch die Tür gehen, und doch wenden sie sich plötzlich ab. Andere, von denen du glaubtest, sie würden der Tür nicht einmal nahe kommen, tun den Schritt über die Schwelle mit unerwarteter Anmut.

Mach dir darüber keine Sorgen. Es geht dich nichts an, wer kommt und wer geht. Das Bündnis wird im

Herzen geschlossen und nur Gott allein weiß, wer bereit ist und wer nicht.

◆

Mein Leben ist die Frucht meiner Taten. Das gilt auch für dich. Was nützen schöne Predigten, wenn der, der sie hält, nicht praktiziert, was er predigt? Taten sprechen deutlicher als Worte. Die Menschen nehmen sich ein Beispiel an deinen Taten, nicht an deinen Worten.

Die Quelle, die nie versiegt

Dein Herz ist der Ort, an dem die Liebe entspringt. Es ist die unerschöpfliche Quelle, aus der du trinken kannst so oft du willst. Jedes Mal, wenn du zu dieser Quelle kommst, trinkst du vom Wasser des Lebens. Dein spiritueller Durst wird gelöscht. Deine Sünden werden vergeben. Du wirst getauft, geheilt und erneuert.

Dies ist der einzige Ort, an dem du Zuflucht findest, wann immer dir das Leben schwer wird. Du musst lernen, regelmäßig dorthin zu pilgern.

Suche nicht außerhalb von dir selbst nach Antworten. Suche nicht Zuflucht in den Ideen, Meinungen und Ratschlägen anderer. Bemühe nicht deinen Verstand, um den richtigen Weg oder die Lösung zu finden. Gib all das hin und geh an den Ort, an dem die Liebe entspringt – in dein eigenes Herz. Es liegt in deiner Verantwortung, dich mit der Quelle der Liebe zu verbinden, wann immer es nötig ist. Kein anderer Mensch kann das für dich tun.

Wenn du den Funken in deinem Herzen nährst, wird er zur Flamme. Und wenn du diese Flamme durch liebevolle Taten nährst, wird sie zu einem lodernden Feuer, zu einer Quelle der Wärme und Liebe für alle, die damit in Berührung kommen.

Rituale des Erinnerns

Ich erwarte nicht von dir, dass du eine Stunde pro Tag in Meditation oder im Gebet verbringst, obwohl dagegen nichts einzuwenden ist. Ich bitte dich lediglich, dich in jeder Stunde fünf Minuten lang an deine göttliche Essenz zu erinnern oder ihr jeden zehnten Gedanken zu widmen. Neun Gedanken kannst du daran verschwenden, wie du dich selbst oder andere „in Ordnung bringen" könntest, aber den zehnten Gedanken solltest du dem widmen, was nicht in Ordnung gebracht werden muss. Widme jeden zehnten Gedanken dem, was ganz und gar akzeptabel und vollkommen liebenswert ist.

Das ist der Rhythmus, der durch den Sabbat aufrechterhalten werden sollte. Sechs Tage lang konnte man sich im Drama des Alltags verlieren, aber am siebten Tag sollte man sich an Gott erinnern. Der siebte Tag war ein Tag der Ruhe, eine Gelegenheit, nach innen zu gehen.

Lass die Weisheit des Sabbat in dein tägliches Leben einfließen. Dann wird Gott mit dir am Tisch sitzen, wenn du deine Mahlzeit einnimmst. Und wenn du mit deinem Bruder oder deiner Schwester sprichst, wirst du nicht vergessen, ihm oder ihr etwas Ermutigendes zu sagen.

Die Stille des Herzens

Alle Antworten, die du brauchst, findest du in der Stille deines eigenen Herzens. Du brauchst dich nicht an andere zu wenden, um Ratschläge zu bekommen oder Lösungen zu finden. Wenn irgend jemand zu dir kommt und behauptet, er habe eine Antwort für dich, solltest du ihn höflich wegschicken. Seine Antwort ist genauso schädlich für dich wie dein eigenes Urteil über die Situation.

Gib zu, dass du im Moment nicht weißt, was ein Ereignis bedeutet, und vertraue darauf, dass dieselbe intelligente Kraft, die diese Situation in dein Leben gebracht hat, dir ihre Bedeutung zum richtigen Zeitpunkt offenbaren wird.

Es ist nicht unbedingt nötig, dass du komplizierte Meditations- oder Yogatechniken praktizierst. Hör einfach auf zu urteilen, zu interpretieren, zu spekulieren. Lass alles wegfallen, was nicht Sein ist, und das Sein wird sich ganz von selbst entfalten.

Das ist die wirkungsvollste Übung, die ich dir mit auf den Weg geben kann. In dieser simplen Praxis löst sich alles auf, was dich von der Wahrheit trennt.

Eine hilfreiche Praxis

Eine spirituelle Übung kannst du zu jeder Zeit und an jedem Ort machen. Immer wenn du dich verwirrt oder angespannt fühlst, wenn du Angst hast oder wütend bist, frage dich: „Liebe ich mich jetzt, in diesem Augenblick?" Diese Frage hilft dir verstehen, dass hinter sämtlichen angstbesetzten Gedanken und Verhaltensweisen die Weigerung steckt, sanft und liebevoll mit sich selbst umzugehen.

Auch wenn sich deine Wut oder deine angstvollen Gefühle auf einen anderen Menschen beziehen, gehst du nicht liebevoll mit dir selbst um. Du kannst nur dann wütend auf einen anderen Menschen sein, wenn du vergisst, dich selbst zu lieben.

Die Frage „Liebe ich mich jetzt, in diesem Augenblick?" erinnert dich an deine einzige Verantwortung auf dieser Erde, nämlich dich selbst zu lieben und gut für dich zu sorgen. Wenn Liebe in deinem Herzen ist, strahlt sie ganz von selbst auf andere aus.

Das ist alles andere als eine egoistische Praxis. Es ist eine Praxis, die dich in dein Herz zurückbringt, dorthin, wo die Liebe entspringt.

Noch nicht bereit zu segnen

Auch diese Übung kann dir helfen, in deiner Mitte zu bleiben: Rede oder handle nicht, bevor du bereit bist, andere zu segnen. Indem du darauf verzichtest, andere zu beschuldigen, durchbrichst du den Teufelskreis aus Schuld und Scham. Du stachelst ihren Schmerz nicht mit deinem an, heizt ihre Wut nicht mit deiner auf und verstärkst ihr Gefühl der Wertlosigkeit nicht durch dein eigenes.

Weil du nur dann sprichst oder handelst, wenn du auch segnen kannst, spielst du keine Rolle in dem schmerzhaften Drama der gegenseitigen Verletzung und des Verrats. Du sorgst auf der tiefsten Seinsebene für dich und andere. Die Wellen der Illusion schwappen über dich hinweg, aber du stehst fest verankert in deiner eigenen Wahrheit.

Illusionen

Illusionen entstehen, wenn du aufhörst, einen anderen Menschen oder dich selbst zu lieben. Es gibt nur eine Möglichkeit, Illusionen aufzulösen: Fang jetzt an zu lieben, in diesem Augenblick.

Der Mythos des Bösen

Das neue Bündnis

Das neue Bündnis setzt voraus, dass du das Reich Gottes in deinem eigenen Herzen erkennst. Damit bringst du zum Ausdruck, dass du die Vorstellung zurückweist, Gott sei von dir getrennt. Du weist die Vorstellung zurück, dass du nicht liebenswert bist oder dass dein Bruder und deine Schwester nicht liebenswert sein könnten. Du weist die Vorstellung vom Bösen als einer der Angst entsprungenen Idee zurück. Du weist die Vorstellung zurück, dass die Macht Gottes in irgendeiner Weise missbraucht werden kann.

◆

Es ist unmöglich, die eigene Schöpferkraft zu akzeptieren, solange keine Versöhnung mit Gott stattgefunden hat. Denn alle Schöpferkraft kommt von Ihm. Als gleichberechtigter Partner hast du an dieser Macht teil, aber du kannst sie nie von Gott getrennt nutzen.

Die Macht der göttlichen Liebe kann nicht missbraucht werden. Sie kann zurückgewiesen werden, verleugnet oder versteckt. Aber Zurückweisung, Verleugnung und heimliche Schuld haben ihre Grenzen. Die Wahrheit kann zwar verfälscht, aber niemals völlig ausgelöscht oder verneint werden. Ein winziges Licht leuchtet noch in der tiefsten Dunkelheit. Und dieses Licht kann entdeckt werden, wann immer der Wunsch wach wird, es zu finden.

Alles ist Gott

Alles ist Gott, auch das, was ohne Gott zu leben versucht. Denn das, was ohne Gott zu leben versucht, ist einfach ein Teil Gottes, der sich selbst nicht akzeptiert. Es ist Gott, der vorgibt, nicht Gott zu sein.

Menschen, die „Böses" tun, sind nicht von Gott getrennt, obwohl sie sich getrennt fühlen. Sie fühlen sich ungeliebt und handeln auf lieblose Weise. Aber Gott hat niemals aufgehört, sie zu lieben. Gott kann nicht aufhören, irgend jemanden zu lieben. Denn Gott ist Liebe, immer, in jedem Augenblick.

Jede Sünde ist nur ein vorübergehender Moment der Trennung. Die Trennung kann nicht endgültig sein. Jedes Kind, das sich von Gottes Liebe entfernt, wird irgendwann zurückkehren, denn es ist zu schmerzhaft, von der Quelle der Liebe getrennt zu sein. Wenn der Schmerz zu groß wird, kehrt jedes verletzte Kind zurück. Ohne Ausnahme.

Vierzig Tage in der Wüste

In den vierzig Tagen, die ich in der Wüste verbrachte, hörte ich sämtliche Stimmen der Angst, die ihr euch nur vorstellen könnt. Es waren nicht die Stimmen irgendwelcher Teufel außerhalb von mir, die gekommen waren, um mich in Versuchung zu führen. Es waren die Stimmen meines eigenen Verstandes, die mir Zweifel über mich selbst oder andere einflüsterten.

Auch du stehst in der Wüste, wenn du dich mit deinen Zweifeln und Ängsten konfrontieren musst. Diese Phase der inneren Prüfung geht gewöhnlich dem Annehmen der Aufgabe voraus, die du auf dieser Erde hast. Wenn es dir nämlich nicht gelingt, mit deinen eigenen Ängsten fertig zu werden, kannst du dich auch nicht den Ängsten stellen, die andere Menschen auf dich projizieren. Wie kannst du ein Leuchtfeuer für andere sein, wenn du in dir selbst nicht ganz und gefestigt bist? Die Art von Stärke und Integrität, von der ich hier spreche, ist eine ernstzunehmende Sache. Kannst du deinen inneren Teufeln begegnen und lernen, sie zu lieben? Kannst du lieben, wenn Angst in dir aufsteigt?

Diese Fragen müssen beantwortet werden, bevor du dich deiner Lebensaufgabe zuwenden kannst. Du musst mit dem Licht der Bewusstheit in die Dunkelheit deiner eigenen Psyche hinabsteigen. Jede Angst, die deine Selbstachtung untergräbt, muss angeschaut werden.

Es wird keinen Frieden auf Erden geben, solange es keinen Frieden in deinem Herzen gibt. Und der Friede kann nicht in dein Herz einkehren, solange du Feinde oder das „Böse" außerhalb von dir selbst suchst. Jedes Übel, das du in der Welt wahrnimmst, weist auf einen unversöhnlichen Aspekt in deinem eigenen Herzen hin, der nach Heilung schreit.

◆

Es gibt keine Hölle außer der, die du dir mit deinen Urteilen selbst erschaffst. Dennoch tust du so, als gäbe es unabhängig von deinen Glaubenssätzen oder Urteilen einen „Teufel" oder das „Böse". Das ist nicht wahr. Alles Böse kommt von deinen Urteilen und der Teufel ist nichts anderes als die Projektion deiner eigenen Scham.

Wenn du glaubst, dass sich das Drama außerhalb von dir selbst abspielt, verlierst du den Schlüssel zum Königreich. Diejenigen, die sich selbst als Opfer sehen, werden nicht ermächtigt. Diejenigen, die sich für schwach halten, werden die Hindernisse in ihrem Leben nicht überwinden.

Das Drama von Schuld und Schande spielt sich nur in deinem Geist ab und dort musst du dich damit auseinandersetzen. Glaube nur einen Moment lang „ich bin liebenswert, ich bin annehmbar, ich bin wertvoll", und deine Opferrolle ist zu Ende. Glaube „ich bin fähig, meinen Bruder zu lieben, ganz gleich, wie er sich mir gegenüber verhält", und die unsichtbaren Fesseln der Projektion fallen von dir ab.

Du selbst hast den Schlüssel zum Königreich in der Hand. Wenn du bedingungslose Liebe anbietest, eine Liebe, die über Fehler hinwegsieht und sich über Urteile erhebt, kann nichts Geringeres zu dir zurückkommen. Alles bewegt sich im Kreis. Was hinausgeht, kommt zurück und umgekehrt. Die Realität erscheint nur linear. Es scheint nur so, als sei sie an Raum und Zeit gebunden.

◆

Solange du den Teufel in anderen suchst, wirst du ihn nicht finden. Der Teufel ist deine eigene gefallene Engelnatur. Er ist alles, was du vergessen, alles, was du dir selbst angetan hast. Er ist der Verwundete, der Gekreuzigte, der Engel, der vom Himmel in den Dreck gefallen ist, in den Gully der physischen Inkarnation.

Der Antichrist

Der Antichrist ist das kollektive Ego in Person. Er sucht sein Heil und seine Befriedigung, indem er Macht über andere ausübt. Sein Versuch, Versöhnung zu erzwingen muss ganz einfach scheitern, weil durch das Schwert umkommt, wer mit dem Schwert lebt. Falsche Mittel führen immer zu falschen Ergebnissen.

Doch nicht einmal der Antichrist ist „böse". Er hungert einfach nur nach Liebe. Deshalb versucht er, Liebe zu kaufen, Liebe einzufordern, Liebe zu kontrollieren. Aber damit treibt er die Liebe nur noch weiter von sich fort. Und je mehr die Liebe ihm entgleitet, desto bösartiger wird er. Seine Angst ruft die Angst in anderen wach. Dieses widerspenstige Wesen wohnt in jedem von euch. Es ist das Ego: das ängstliche, unglückliche, wütende kleine Kind in deinem Innern, das sich ungerecht behandelt fühlt und in seinem Verlangen nach Liebe andere manipuliert.

Es ist so schrecklich, weil du es verurteilst und ablehnst. Stoße es nicht mehr weg. Nimm dieses verletzte, missbrauchte Kind in den Arm und wiege es zärtlich. Halte es, sprich sanft mit ihm. Liebe es.

Sobald du das verletzte Kind in deinem Innern angenommen hast, offenbart sich seine Engelnatur. Luzifer (der Name bedeutet „Lichtträger") ist schließlich ein gefallener Engel. Durch deine Liebe wird sein Fall gebremst und er kann seine Flügel entdecken. Seine Erlösung garantiert die deine.

◆

Gott steigt nicht von Himmel herab, um dich aus einer Welt zu befreien, die du selbst geschaffen hast. Warum sollte er dich aus etwas herausreißen, das du selbst gewählt hast? Gott kommt zu dir, wenn du dein Ego mit all seinen angstbesetzten Einbildungen annimmst. Er kommt mit dem Mitgefühl und der Liebe, die du dem verletzten Kind in dir selbst und in anderen entgegenbringst. Er kommt zu dir, wenn du dich niederbeugst, um das dunkle Gefieder zu umarmen, das vor der Tür deiner Angst kauert.

Diese Flügel werden dich nicht verletzen. Sie werden dich nicht deiner Unschuld berauben, wie viel Missbrauch auch stattgefunden haben mag. Schau durch die dunkle Verkleidung hindurch und spüre die Wärme dieser Flügel. Hier ist eine Tür, die direkt ins Herz hineinführt.

Du kannst nicht zu Gott gelangen, wenn du nicht bereit bist, durch die dunkle Nacht der Seele zu gehen. Deine ganze Angst, deine ganze Scham muss an die Oberfläche kommen. Du musst den Schmerz der Trennung voll und ganz spüren, damit du heil werden kannst. Wie kannst du dich aus der Asche deines Schmerzes erheben, wenn du deinen Schmerz verleugnest?

Wenn du so tust, als sei die Wunde nicht da, kannst du deine spirituelle Reise nicht antreten. Leugne den Schmerz nicht. Geh hinein. Er ist nicht das, wofür du ihn hältst.

Wenn du den Mut hast, auf die Mauer deiner Angst zuzugehen, wird sie sich in eine Tür verwandeln. Geh durch diese Tür. Ich warte auf dich.

Der Träumer erwacht

Du bist der Träumer in der Dunkelheit, aber auch derjenige, der das Licht bringt. Du bist der Versucher und der Erlöser in einem. Das wirst du eines Tages erkennen, wenn du es nicht schon längst weißt.

Die Herrschaft Christi

Christus gibt niemandem die Schuld. Er schlägt nicht zurück. Er widersteht dem Bösen nicht.

Die stärkste Kraft im Universum scheint man so leicht überwältigen, kreuzigen und vergessen zu können. Aber das stimmt nicht. Alle, die Christus angreifen, müssen zurückkehren, um Ihm zu dienen.

Das ist das Gesetz des Karma. Jede Beziehung, die du zu einem anderen Menschen pflegst, spiegelt letztendlich deine Einstellung dir selbst gegenüber.

Wunden heilen

Der Schmerz ist ein Botschafter. Er bringt Bewusstheit. Er zeigt dir, wo und wie du dich selbst betrogen hast. Das ist wichtig. Solange du dir deiner Selbstzerstörung nicht bewusst bist, kann deine Heilung nicht einsetzen. Schmerz ist keine Strafe. Er ist eine Aufforderung, bewusster zu werden, das verborgene Leiden ins Bewusstsein zu heben.

◆

Es ist nicht leicht, den eigenen Schmerz und den damit verbundenen Schrei nach Liebe anzuerkennen. Aber nur so kannst du heil werden. Du nimmst die dunklen, vernachlässigten Aspekte des Selbst wahr und bringst sie in dein Bewusstsein. Du erlöst sie. Du bringst sie ans Licht.

Die meisten von euch projizieren das auf andere, was sie an sich selbst bedrohlich finden oder nicht mögen. Wenn du Angst vor deiner eigenen Macht hast, projizierst du sie auf eine mächtige, charismatische Person und versuchst, durch diese Person zu leben. Wenn diese Person dich dann ausnutzt oder verrät, hast du meist schon vergessen, dass du deine Macht freiwillig an sie abgegeben hast. Wenn du alle Anteile deines Selbst wieder zurückholen willst, musst du dir sämtliche Aspekte deines Charakters anschauen, vor denen du dich fürchtest oder derer du dich schämst. Andere Menschen, die diese Qualitäten verkörpern, helfen dir nur, sie in dir selbst zu entdecken. Deshalb sind Beziehungen so wichtig für die Arbeit an der eigenen Persönlichkeit.

◆

Indem du andere beschuldigst oder anklagst, behinderst du deinen eigenen Heilungsprozess. Wenn du wirklich heil werden willst, musst du Verantwortung für dein Verhalten übernehmen und die Missbrauchsmuster erkennen, in die du verstrickt bist. Verstehe, dass deine Tendenz, dich selbst abzuwerten, die Übergriffe anderer geradezu herausfordert, und lerne, dich selbst zu achten und zu schätzen.

Jede Beziehung, der du missbraucht wirst, gibt dir Gelegenheit, „nein" zu Missachtung und Abwertung zu sagen. Das setzt natürlich voraus, dass du erkennst, wie oft du in der Vergangenheit „ja" gesagt hast, wo „nein" angebrachter gewesen wäre.

Indem du an Bedingungen geknüpfte Liebe akzeptierst, schaffst du die Voraussetzungen für Missbrauch. Du sagst „ja" zur Selbsterniedrigung, weil du die Sicherheit und Anerkennung dafür bekommst, die du dir wünschst. Du sagst „ja" zur Angst, weil du um jeden Preis Liebe haben willst. Jetzt weißt du, dass es so nicht funktioniert. Liebe ist kein Geschäft.

Wenn dir bedingungslose Liebe entgegengebracht wird, dann merkst du es. Diese Liebe verlangt nicht mehr von dir, als du geben kannst. Sie fordert nicht, sie manipuliert nicht. Sie nimmt dich wie du bist und segnet dich.

Wie kannst du diesen Segen von einem anderen Menschen empfangen, wenn du nicht weißt, wie du ihn dir selbst geben kannst? Übe dich darin, dich so anzunehmen, wie du bist. Dann weißt du, was Liebe ist. Und dann wirst du die Liebe erkennen, wenn sie in dein Leben tritt.

Wenn du die Liebe zu dir selbst an Bedingungen knüpfst, ziehst du Menschen in dein Leben, die dasselbe tun. Du kannst nichts von anderen bekommen, was du dir selbst nicht geben kannst oder willst.

◆

Wenn du weißt, was du willst, bitte darum. Wenn dann jemand sagt „tut mir leid, das kann ich dir nicht geben", kannst du antworten: „Kein Problem, ich werde es bekommen, wenn die Zeit reif dafür ist." Was immer andere dir auch anbieten, konzentriere dich stets auf das, was du wirklich willst. Weise sämtliche Bedingungen zurück, unter denen dir Liebe und Freundschaft angeboten werden. Halte an der Wahrheit deines Herzens fest und akzeptiere nichts Geringeres als das, was du dir selbst versprochen hast. Irgendwann, wenn die Zeit dafür gekommen ist, wirst du es erhalten, weil du dir selbst treu geblieben bist. Weil du auf den Ruf deines eigenen Herzens geantwortet hast, steht der Geliebte eines Tages vor deiner Tür. Das hat nichts mit Magie zu tun. Es ist vielmehr das Resultat einer hingebungsvollen spirituellen Praxis.

◆

Vor Gott sind alle Menschen gleich. Der Reiche hat nicht mehr Glück als der Arme. In seinem Herzen finden die gleichen Kämpfe statt, fühlt er sich genauso verletzt. Der wohlhabende Arzt, der einen Sohn durch Aids verloren hat, spürt den gleichen Schmerz wie die Sozialhilfeempfängerin, die ihre Tochter verlor.

Schmerz ist der große „Gleichmacher". Er zwingt dich in die Knie. Er macht dich demütiger und sensibler für die Bedürfnisse anderer. Er untergräbt alle Hierarchien.

Wenn du mit deinem eigenen Schmerz jemals wirklich in Kontakt gekommen bist, weißt du das. Dann empfindest du Mitgefühl, wenn du andere leiden siehst. Weder musst du sie wegstoßen, noch hast du das Bedürfnis, etwas für sie in Ordnung zu bringen. Du schließt den betreffenden Menschen einfach in dein Herz. Du umarmst ihn, wenn er es möchte, und sprichst ein paar ermutigende Worte. Du weißt, was er durchmacht.

Die Welt baut Menschen auf und zieht sie herab. In dieser Welt bleibt nichts, wie es ist. Ruhm und Schande, Reichtum und Armut, Glück und Verzweiflung gehen Hand in Hand. Es ist nicht möglich, die eine Seite zu erfahren, ohne auch die andere kennen zu lernen.

Wenn du noch nicht mit deinem Schmerz in Berührung gekommen bist, schiebst du das Unvermeidliche nur auf. Es ist es nur eine Frage der Zeit, bis du zugeben musst, wenn nicht vor anderen, dann zumindest vor dir selbst, dass auch du schmutzige

Wäsche hast: deine Urteile, deine Ängste, deine Bedürftigkeit, deine Selbstmordphantasien.

Den meisten Menschen fällt es leichter, anderen die perfekte Maske zu präsentieren, als sie einen Blick auf das verzerrte Gesicht dahinter werfen zu lassen. Sie sind stolz auf den spirituellen Erwachsenen und schämen sich für das verletzte Kind.

Wer jedoch den Mut hat, sich seinen eigenen Schmerz anzuschauen, reißt sich selbst die Maske vom Gesicht. Solche Menschen geben sich die Erlaubnis, authentisch zu sein und zu wachsen. Ihre Bereitschaft, ihre Gefühle voll und ganz zuzulassen, öffnet ihnen eine heilige Pforte. Ein zuvor verschlossenes Herz beginnt zu pulsieren, der Körper kann wieder durchatmen, blockierte Energien werden freigesetzt. Das ist der erste Schritt auf dem Weg der Heilung.

Andere Schritte müssen folgen, denn Heilung bedeutet Bewegung. Es bedeutet nicht, sich in den Schmerz zu verlieben, daran festzuhalten oder sich damit zu identifizieren. Der Zug fährt weiter. Wenn du erst einmal aufgesprungen bist, bringt er dich genau dort hin, wo du hin musst.

Schmerz ist der große Gleichmacher. Er hilft dir, ehrlich und authentisch zu sein. Er gibt dir den Mut, andere um bedingungslose Liebe und Unterstützung zu bitten, und macht dich bereit, ihnen ebenfalls Liebe und Unterstützung anzubieten. Er verbindet dich mit einer Gemeinschaft von Menschen, die alle auf dem Weg der Heilung sind, weil ihre Panzer der Verleugnung allmählich aufbrechen.

◆

Das Festhalten am Schmerz ist genau so ungesund wie das Verleugnen des Schmerzes. Doch manche Menschen erkennen, dass ihr Schmerz ihnen eine Menge Aufmerksamkeit von anderen einbringt. Sie machen die Opferrolle zu ihrer Identität.

Ein authentischer Mensch ist kein professioneller Geschichtenerzähler. Er ist kein „Beichtkünstler". Er muss nicht ständig im Mittelpunkt stehen, um sich gut zu fühlen.

Ein authentischer Mensch erzählt seine Geschichte, weil das Erzählen ein Akt der Heilung ist. Und während er sie erzählt, gelangt er zu einem tieferen Verständnis und kann annehmen, was geschehen ist. Seine Heilung bewirkt, dass auch andere heil werden.

Wenn er seine Erfahrung integriert hat, muss er seine Geschichte nicht mehr erzählen. Wenn er jedoch darauf besteht, sie immer wieder zu erzählen, wird sie allmählich zu einer Krücke, auf die er sich stützt, obwohl seine Glieder längst geheilt sind. Er ist kein Zeuge mehr, sondern eher ein Unterhalter, und seine Geschichte - die er nun nicht mehr spontan und aus reinem Herzen erzählt, sondern in einer reich ausgeschmückten Version - kann andere nicht mehr inspirieren.

Das Annehmen des Schmerzes bewirkt, dass die innere Anspannung mehr und mehr nachlässt und einer zunehmenden Leichtigkeit Platz macht. Nun kannst du den nächsten Schritt tun. Wenn du deine Geschichte ehrlich und offen mit anderen teilst, machst du dir selbst und anderen Mut. Du gehst weiter. Sie gehen weiter. Ein Leben im Leid ist einfach nicht mehr gefragt.

Schmerz und Leid sind zwar universelle Phänomene, aber auch vorübergehende. Irgendwann ist jeder Mensch davon betroffen. Dennoch sind es keine ständigen Begleiter, sondern lediglich Botschafter.

Es ist töricht, so zu tun, als sei der Botschafter nicht da, wenn er direkt vor deiner Tür steht. Dann musst du ihm die Tür öffnen und ihn anhören. Doch wenn die Botschaft gehört wurde, kann der Botschafter wieder gehen. Er hat seine Aufgabe erfüllt.

◆

Wenn Leiden zum Statussymbol wird, gibt es immer mehr verwundete Heiler. Wenn es plötzlich „schick" ist, Opfer von Kindheitstraumata oder sexuellem Missbrauch zu sein, können Therapeuten ihren Klienten nur allzu leicht Worte in den Mund legen. Erinnerungen an Ereignisse, die nie stattgefunden haben, werden auf ein Podest gestellt. Kleinere Verletzungen oder Nachlässigkeiten werden aufgebauscht und mit Schuldzuweisungen ausgeschmückt. Alle stellen sich vor, dass das Schlimmste geschehen sein muss. Das ist Hysterie und hat mit Heilung nichts zu tun. Es ist eine neue Form des Missbrauchs.

Anstatt genau zu untersuchen, was wirklich geschehen ist, und das innere Kind zu Wort kommen zu lassen, wird ein professionelles Etikett auf die Wunde geklebt. Anstatt das Opfer zu ermutigen, seine eigene Stimme zu finden und sich mit seiner Erfahrung zu verbinden, wird es erneut zum Schweigen gebracht. Es bekommt die Meinung anderer zu dem, was ihm widerfahren ist, übergestülpt, und um Anerkennung zu bekommen, erzählt es genau die Geschichte, die die Autoritätsperson hören will.

Der Therapeut projiziert seine eigenen unverheilten Wunden auf den Klienten. Und für die Gerichte ist seine subjektive Meinung die objektive Realität. Familien werden getrennt. Noch mehr Kinder werden bestraft. Die Kette des Missbrauchs setzt sich fort. Das Festhalten am Schmerz ist lähmend. Das Ausschmücken, Übertreiben oder Fabrizieren von Schmerz ist krankhaft.

Ähnlich wie das Entstehen einer besonderen Klasse klerikaler Autoritätsfiguren die ursprüngliche Spiritualität der Kirche unterminiert hat, untergräbt die neu entstandene Klasse der therapeutischen Autoritätsfiguren die Fähigkeit eines jeden Individuums, Zugang zu den tiefen Heilungsprozessen zu finden, die sein Geburtsrecht sind.

Man kann niemanden dazu veranlassen, heil zu werden, so wie man auch niemanden dazu bringen kann, moralisch zu handeln. Heilung ist eine freiwillige Angelegenheit. Sie setzt ein, wenn der betreffende Mensch dazu bereit ist. Viele Menschen, die sich einer Therapie unterziehen, haben überhaupt nicht die Absicht, heil zu werden. Sie sind nicht wirklich an Heilung interessiert. Für diese Menschen, Klienten wie Therapeuten, ist Therapie eine Form der Verleugnung.

Eine Wunde von selbst heilen zu lassen ist mindestens ebenso wichtig wie sie zu versorgen. Ihr vergesst, dass die spirituelle Essenz des Verwundeten die Heilung bewirkt, nicht der Therapeut oder Heiler.

Das Bedürfnis, andere zu heilen, ist genauso gewalttätig wie der Drang, andere zu verletzen. Es sind in Wirklichkeit nur die beiden Seiten einer Medaille.

Ein wahrer Heiler respektiert die Selbstheilungskräfte seiner Klienten. Er hilft ihnen lediglich, damit in Verbindung zu treten, wenn der richtige Zeitpunkt gekommen ist. Er unterstützt die Integration, ist sanft und geduldig. So können seine Klienten stark werden. Sie werden heil und ziehen weiter.

Wenn du als Therapeut oder Therapeutin arbeitest, musst du deinen Klienten klarmachen, dass sie ihren Schmerz weder verdrängen noch pflegen sollen. Es geht darum, sich mit dem Schmerz zu konfrontieren, und nicht darum, ihn sich einzubilden. Wenn er da ist, wird er sich auf authentische Weise zum Ausdruck bringen. Er wird mit seiner eigenen Stimme sprechen. Deine Aufgabe besteht darin, den betroffenen Menschen zum Sprechen zu ermutigen, und nicht, ihm die Worte in den Mund zu legen.

◆

Der erste Schritt auf dem Weg zur Heilung besteht im Herausfinden dessen, was dir widerfahren ist. Geheimnisse müssen aufgedeckt werden. Verleugne das Geschehene nicht. Bausche es nicht auf. Erkenne einfach an, was passiert ist, und bleibe dabei. Auf diese Weise werden Lügen zur Wahrheit, werden Geheimnisse gelüftet, weicht das unterschwellige

Unbehagen einem bewussten Wahrnehmen des Schmerzes.

Schmerz ist eine Tür, durch die du gehst, wenn du dazu bereit bist. Bis dahin bist du der Hüter der Schwelle, der Wächter, der entscheidet, wer eingelassen wird und wer nicht.

Es ist in Ordnung, noch nicht bereit zu sein. Es ist in Ordnung, Menschen oder Situationen auszuschließen, mit oder in denen du dich unsicher fühlst. Du bestimmst, wie schnell oder langsam dein Heilungsprozess vonstatten geht. Lass dir das Tempo deines Heilungsprozesses von niemandem vorschreiben – auch nicht von deinem Therapeuten. Du musst es selbst bestimmen.

Es wird immer Menschen geben, die bestimmte Vorstellungen, Empfehlungen oder Pläne für dich haben. Danke ihnen für ihr Interesse, aber mach ihnen klar, dass nicht sie die Entscheidungen in deinem Leben treffen, sondern nur du allein.

◆

Akzeptiere keinen anderen Menschen als Autorität über dir und sei auch selbst keine Autoritätsperson für andere. Bestehe auf deiner Freiheit und gib anderen ihre Freiheit.

Verlange nicht nach Anerkennung durch andere und befriedige das Bedürfnis anderer nach Anerkennung nicht. Steig aus dem ganzen Geschäft mit der Anerkennung aus. Schenk dir selbst Liebe und lass andere an dieser Liebe teilhaben. Und wenn sie das nicht wollen, lass sie gehen. Es ist nicht nötig, dass du einen weiteren Umweg machst, dass du noch eine sinnlose Reise antrittst.

Sei beständig in deiner Liebe zu dir selbst. Das sollte deine wichtigste Verpflichtung sein. Dann wirst du Menschen in dein Leben ziehen, die gern sie selbst sind. Sie werden weder Forderungen an dich stellen, noch werden sie versuchen, sich in dein Leben einzumischen. Wenn dir jemand ein Angebot macht, das du meinst, nicht ablehnen zu können, dann lerne es abzulehnen. Betrüge dich nicht selbst, wie gut das Angebot auch sein mag.

Der Versucher wird immer mit imposanten Geschenken zu dir kommen. Lass dich nicht zum Narren halten. Er scheint übernatürliche Kräfte zu besitzen, aber sie sind nicht real. Es ist einfach nur dein Bruder, der ein wenig vom Weg abgekommen ist und nun versucht, dich in sein Drama des Selbstmissbrauchs hineinzuziehen.

Sag „nein" zu jeder Art von Missbrauch. Vergiss nicht, dass du bereits ganz bist. Es mangelt dir an nichts. Entspann dich und atme. Auch dies wird vorbeigehen.

Doch der Versucher ruft: „Nein. Du bist nicht in Ordnung. Du bist einsam. Du brauchst Gesellschaft. Du brauchst einen besseren Job. Du brauchst eine bessere Beziehung. Du brauchst mehr Geld, mehr Sex, mehr Ruhm. Und ich werde dir all das geben."

Natürlich hast du diese Propaganda schon einmal gehört. Wenn du dich schlecht fühlst, erscheint immer irgendein Ritter in schimmernder Rüstung oder eine arme Jungfer, die Hilfe braucht. Was hat dir das in der Vergangenheit eingebracht? Wie viele Ritter oder Jungfern haben sich davongemacht und eine Spur aus Blut und Tränen zurückgelassen. Doch diese oder dieser scheint besser zu sein als die anderen. Sie oder er ist aufrichtiger, sensibler, geerdeter, ... Du kannst das fehlende Wort einsetzen. Es ist dein Drama, nicht meins.

Wenn du genau genug hinschaust, siehst du, dass jede Einladung zum Selbstbetrug mit den gleichen zuckersüßen Versprechungen einhergeht, denen immer ein Herz zerreißendes Drama folgt. Diejenigen, die ihr Heil in einem anderen Menschen suchen, verlieren den Kontakt zu sich selbst. Sie machen sich wie Don Quichotte auf die große Reise und finden immer irgendeine Jungfer, die es zu retten gilt, oder eine Windmühle, gegen die gekämpft werden muss.

Doch am Ende kehren sie müde, verwundet und enttäuscht nach Hause zurück. Auf dieser Reise durch die Welt ist bisher noch jeder gescheitert. Du kannst in der Welt keine Erlösung finden. Erlösung findest du nur in deinem eigenen Herzen. Hier lernst du, die abgespaltenen Teile deiner selbst zu lieben. Hier entdeckst du deine Ganzheit und verankerst dich in Gottes Fülle und Gnade.

◆

Das Selbst ist unverwundbar. Du kannst keine Löcher hineinschlagen. Du kannst lediglich vorgeben, verletzt zu sein oder zu verletzen. Du kannst nicht von der Quelle der Liebe getrennt sein, denn du selbst bist die Verkörperung der Liebe. Du bist das strahlende

Wesen, das den Traum von Missbrauch träumt. Du bist der Engel, der als Verwundeter auf Erden wandelt. Wenn du jedoch vorgibst, ein Engel zu sein, während du dich wie ein missbrauchtes Kind fühlst, trägst du nicht zu deinem Erwachen bei. Auch an der Verletzung festzuhalten hilft dir nicht weiter.

Wenn du die Wunde mit Liebe versorgst, heilt sie. Die Heilung kann sofort einsetzen oder ein ganzes Leben in Anspruch nehmen, aber der Heilungsprozess kommt in Gang und du bist kein Opfer mehr. Das Drama des Leidens hat ein Ende.

Erwachen ist kein gewaltsamer Prozess, sondern ein sanftes Loslassen von Schuld und Scham. Es ist nicht so, dass die Liebe das „Böse" zum Verschwinden bringt, sondern, dass sich jegliche Wahrnehmung des „Bösen" in Gegenwart der Liebe auflöst. Und am Ende ist es so, als wäre die Verletzung nie geschehen. Du kannst bestenfalls sagen, dass es ein Traum vom Missbrauch war, ein Traum, aus dem du glorreich erwacht bist.

Liebe ohne Bedingungen

An Bedingungen geknüpfte Liebe

Was an Bedingungen geknüpfte Liebe ist, hast du von Menschen gelernt, deren Liebe zu dir durch ihre eigenen Schuldgefühle und Ängste verzerrt war. Diese Menschen waren deine Vorbilder. Dafür brauchst du dich nicht zu schämen. Du musst dir dieser Tatsache lediglich bewusst sein.

Seit du ein kleines Kind warst, wurdest du darauf konditioniert, dich selbst nur dann zu schätzen, wenn die Menschen um dich herum positiv auf dich reagierten. Du hast gelernt, dass dein Wert von außen bestimmt wird. Das war der grundlegende Irrtum, der sich durch dein ganzes Leben zog. Und deine Eltern haben die gleiche Erfahrung gemacht.

Während des Heilungsprozesses lernst du, dich selbst zu achten und zu schätzen, und zwar so wie du bist – hier, jetzt und ohne Bedingungen. So wirst du „wiedergeboren", wieder mit Elternliebe versorgt, aber nicht von anderen Autoritätspersonen, sondern von der Quelle der Liebe in deinem eigenen Innern. Niemand sonst kann das für dich tun. Andere Menschen können dir beistehen und dich ermutigen, aber niemand kann dir beibringen, dich selbst zu lieben. Das ist die Arbeit, die jede Seele selbst zu leisten hat. Die Erfahrung bedingungsloser Liebe beginnt in deinem Herzen, nicht im Herzen eines anderen. Mach deine Fähigkeit, dich selbst zu lieben, nicht abhängig von der Fähigkeit anderer, dich zu lieben. Jeder Versuch, Liebe außerhalb von dir selbst zu finden, wird fehlschlagen, weil du nichts von irgendeinem anderen Menschen empfangen kannst, was du dir selbst nicht gegeben hast.

◆

Die meiste Zeit deines Lebens hast du die Vorstellungen und Meinungen anderer als deine Wahrheit akzeptiert. Doch was deine Mutter, dein Vater, der Lehrer oder der Pfarrer über dich gesagt haben, ist nur deren Meinung. Unglücklicherweise verinnerlichst du diese Rückmeldungen und baust dein Selbstbild darauf auf. Mit anderen Worten, die Meinung, die du von dir selbst hast, beruht nicht auf dem, was du über dich herausfindest oder weißt, sondern auf dem, was andere Menschen über dich sagen. Wo ist dein „wahres Ich" in der Gleichung vom Selbst und vom anderen? Dein wahres Selbst ist der unbekannte Faktor, die Essenz, die verschüttet liegt unter den Urteilen und Interpretationen, die du über dich selbst und deine Erfahrung akzeptiert hast.

Das gilt für alle, nicht nur für dich. Die Menschen treten nicht als authentische, selbstverwirklichte Wesen miteinander in Beziehung, sondern als Persönlichkeiten, Masken, Rollen, Identitäten. Oft trägt ein und derselbe Mensch verschiedene Masken, je nachdem, mit wem er gerade zusammen ist und was von ihm erwartet wird.

Das wahre Selbst geht verloren zwischen all diesen Rollen und sein eigentliches Wesen, sein größtes Geschenk wird nicht bewusst anerkannt.

Selbst und Persönlichkeit

Das wahre Selbst ist nicht an die Einschränkungen, Urteile und Interpretationen gebunden, mit denen die Persönlichkeit lebt. Man kann sogar sagen, dass Selbst und Persönlichkeit in verschiedenen Welten leben. Die Welt des Selbst ist strahlend. Wer hier lebt, ist sich selbst genug. Die Welt der Persönlichkeit ist dunkel und zerstörerisch. Während das Selbst das Licht im Innern findet und nach außen abstrahlt, findet die Persönlichkeit im Innern nur Dunkelheit und sucht das Licht bei anderen.

Das Selbst sagt: „Ich bin." Die Persönlichkeit sagt: „Ich bin dies" oder „Ich bin das." Das Selbst lebt bedingungslos und bringt sich ohne Bedingungen zum Ausdruck. Leben und Selbstausdruck der Persönlichkeit sind von Bedingungen eingeschränkt. Das Selbst wird von Liebe motiviert und sagt: „Ich kann." Die Persönlichkeit lebt in Angst und sagt: „Ich kann nicht." Die Persönlichkeit beklagt sich, entschuldigt sich und sucht ständig nach Ausreden. Das Selbst akzeptiert, integriert und gibt sein Geschenk an andere weiter

Du bist das Selbst, aber du glaubst, dass du deine Persönlichkeit bist. Solange du als Persönlichkeit funktionierst, wirst du nur Erfahrungen machen, die dir das bestätigen, was du über dich selbst und andere denkst. Doch sobald du erkannt hast, dass sämtliche Persönlichkeiten nur Masken sind, welche die Menschen ihrer Vereinbarung gemäß tragen, beginnst du, hinter die Masken zu schauen.

Wenn das geschieht, bekommst du eine Ahnung vom strahlenden Selbst im Innern und im Äußeren. Du wirst ein leuchtendes Wesen sehen, das liebenswert und liebesfähig, dynamisch, kreativ, großzügig und selbstgenügsam ist. Das ist deine eigentliche Natur. Und es ist die Natur aller Wesen, die hier mit dir leben.

Wenn du akzeptierst, wer du wirklich bist, hören deine Streitigkeiten mit anderen auf. Denn du schlägst dich nicht länger mit ihren Persönlichkeiten herum. Du siehst das Licht hinter der Maske. Dein Licht und ihr Licht ist alles, worauf es ankommt.

Wenn du mit deinem wahren Wesen in Kontakt kommst, erkennst du, dass vieles von dem, was du als wahr über dich akzeptiert hast, falsch ist. Du bist weder besser noch schlechter als andere. Du bist weder dumm noch brillant, weder hübsch noch hässlich. Das sind nur die Urteile anderer, die du akzeptiert hast. Keines davon ist wahr.

Wenn du die Wahrheit über dich selbst kennst, weißt du, dass du nicht dein Körper bist, obwohl du ihn annehmen und gut für ihn sorgen sollst. Du bist auch nicht deine Gedanken und Gefühle, obwohl du ihrer gewahr sein und erkennen sollst, wie sie das Drama deines Lebens erschaffen. Du bist nicht die Rollen, die du spielst – Ehemann oder Ehefrau, Mutter oder Vater, Sohn oder Tochter, Angestellter oder Chef, Sekretärin oder Klempner –, obwohl du deinen Frieden mit der Rolle machen musst, die du gewählt hast. Du bist nichts von all dem, was äußerlich sichtbar ist. Du bist nichts, das durch irgend etwas oder irgend jemanden definiert werden kann.

Der Sinn deiner Reise durch diese materielle Existenz ist die Entdeckung des Selbst und die Transformation der Persönlichkeit. Du bist hier, um herauszufinden, dass die Quelle der Liebe in deinem eigenen Bewusstsein entspringt. Du brauchst nicht außerhalb von dir selbst nach Liebe zu suchen. Ja, es ist sogar so, dass dich jeder Versuch, die Liebe in der Außenwelt zu finden, daran hindert, sie in dir selbst zu erkennen.

Du kannst das Licht in anderen erst sehen, wenn du es in dir selbst sehen kannst. Hast du es aber einmal in dir selbst gesehen, dann gibt es niemanden, in dem du es nicht sehen kannst. Es spielt keine Rolle, ob der andere es sieht oder nicht. Du weißt, dass es da ist. Und an dieses Licht wendest du dich, wenn du mit ihm sprichst.

Die Welt der Persönlichkeiten ist chaotisch und reaktionär. Sie wird von Angst und Urteilen gespeist. Sie ist nur deshalb real, weil ihr daran glaubt und euch über die Bedingungen definiert, die ihr dort vorfindet. Aber diese Bedingungen sind nicht die endgültige Wirklichkeit, sondern nur ein kollektives Drama, das ihr selbst inszeniert habt. Ja, dieses Drama folgt einem eigenen Plan. Hier gibt es besondere Regeln, Interaktionsmuster und Kostüme. Aber all das wird bedeutungslos, wenn du dein Kostüm ablegst und die Bühne verlässt.

Die Aufführung geht natürlich weiter. Sie hängt nicht von dir allein ab. Aber wenn du weißt, dass es nur ein Spiel ist, kannst du dich entscheiden, ob du daran teilnehmen willst oder nicht. Wenn du teilnimmst, tust du es in dem Bewusstsein, dass du weißt, wer du bist. Du verstehst, welche Rolle du spielst, ohne dich damit zu identifizieren.

Das Leiden hat ein Ende, wenn du nicht mehr mit äußeren Bedingungen verhaftet bist. Dann ruhst du im Selbst, der Verkörperung der Liebe, der Quelle der Schöpfung.

Alleinsein

Alleinsein ist wichtig für deine emotionale Gesundheit, ganz gleich, ob du allein lebst oder mit anderen. Im Alleinsein findest du die Zeit und den Raum, um deine Erfahrungen zu integrieren. Eine Menge Erfahrungen zu machen bedeutet nichts, wenn du dir nicht die Zeit nimmst, aus ihnen zu lernen. Wenn du von einer Aktivität zur anderen oder von einer Beziehung in die nächste springst, wirkt sich das verheerend auf deinen emotionalen Kern aus. Die Zeit, die du dir nimmst, um deine Erfahrung zu integrieren, ist genauso wichtig wie die Zeit, die du dir nimmst, um die Erfahrung zu machen.

Jeder deiner Atemzüge hat drei Phasen: Einatmen, Pause und Ausatmen. Das Einatmen ist das Aufnehmen der Erfahrung. Die Pause dient der Verarbeitung der Erfahrung und das Ausatmen dem Loslassen. Auch wenn die Pause nur eine oder zwei Sekunden dauert, ist sie ganz wichtig für einen gesunden Atemrhythmus.

Das Alleinsein erlaubt dir, Pausen zu machen. Deine Lebensqualität hängt davon ab. In diesen Zeiten schöpfst du neue Kraft und gehst mit frischer Begeisterung ins Leben hinaus. Wenn du diese wichtige Phase überspringst, wird dein Leben irgendwann zu einer leeren Hülle. Vielleicht spielt sich darin eine Menge ab, aber nichts davon bleibt haften. Weder werden die Erfahrungen verarbeitet, noch findet inneres Wachstum statt.

Die Quelle

Du suchst Liebe bei anderen Menschen, weil du nicht erkennst, dass Liebe nur deinem eigenen Bewusstsein entspringt. Sie hat nichts mit irgendeinem anderen Menschen zu tun. Liebe entspringt deiner Bereitschaft, liebevolle Gedanken zu denken, liebevolle Gefühle zu fühlen und vertrauensvoll und liebevoll zu handeln. Wenn du dazu bereit bist, wird dein Gefäß überfließen. Dann hast du immer die Liebe, die du brauchst, und bist glücklich, wenn du sie anderen schenken darfst.

Die Quelle der Liebe sprudelt in deinem eigenen Herzen. Erwarte nicht, dass andere dich mit der Liebe versorgen, die du brauchst. Wirf anderen nicht vor, dass sie dir ihre Liebe vorenthalten. Du brauchst ihre Liebe nicht. Du brauchst deine Liebe. Liebe ist das einzige Geschenk, das du dir selbst machen kannst. Sobald du das tust, wirst du ein großes „Ja" aus dem Universum hören. Wenn du dir diese Liebe versagst, geht das Versteckspiel weiter: Du suchst immer an den falschen Orten nach Liebe.

Es gibt nur einen Ort, an dem du nach Liebe suchen und sie auch finden kannst. Bisher wurde noch niemand enttäuscht, der dort suchte.

◆

Solange du dein wahres Selbst verleugnest, indem du außen suchst, wirst du Übergriffe und Missbrauch erfahren.

Wenn du Liebe willst, dann versorge all das in dir selbst mit Liebe, was sich ungeliebt fühlt. Wenn du dir Licht wünschst, dann bring es in die dunklen Winkel deines Geistes. Bring es dorthin, wo die Angst, die Scham und die Traurigkeit sitzen, dorthin, wo es an Sinn oder Hoffnung mangelt. Dieses Licht ist in dir und es ist nicht von der Dunkelheit getrennt. Es ist eine Seite der Dunkelheit. Wenn du in die tiefste Dunkelheit kommst, findest du das Licht. Das schwärzeste Schwarz beginnt zu strahlen. Traurigkeit verwandelt sich in unbändige Freude, Verzweiflung in grenzenlose Hoffnung. Im einen Extrem findest du das andere.

Die einzige Möglichkeit, den Umweg über die Abhängigkeit in Beziehungen zu vermeiden, besteht darin, sich mit dem Selbst anzufreunden und es zu achten. Dann kann man Beziehungen auf der Integrität des Selbst aufbauen. Das ist das neue Paradigma der Beziehung.

Im alten Beziehungsparadigma wird die Verpflichtung gegenüber dem Selbst durch die Verpflichtung gegenüber dem anderen ersetzt. Weil man es dem Beziehungspartner recht machen will, gibt man das Selbst auf. Doch weil das vernachlässigte Selbst nicht lieben kann, entsteht ein Teufelskreis aus Anziehung und Zurückweisung. Zuerst wird das Selbst weggestoßen, dann wird der Beziehungspartner weggestoßen.

Eine echte Beziehung kann nur auf dem Fundament der Annahme des eigenen Selbst und der Liebe zum eigenen Selbst aufbauen. Das ist der wichtigste spirituelle Akt, der die Tür zu wahrer Nähe öffnet.

Wahre und falsche Propheten

Liebe nimmt keine Geiseln

Ein Mensch, der bedingungslos liebt, schränkt weder seine eigene Freiheit noch die eines anderen Menschen ein. Er versucht nicht, die Liebe festzuhalten, denn wer immer das versucht, verliert sie.

Liebe ist ein Geschenk, das in jedem Augenblick aufs Neue verschenkt werden muss. Liebe nimmt keine Geiseln, feilscht nicht und lässt sich nicht von Angst korrumpieren.

Andere nicht „in Ordnung bringen"

Wenn du anderen etwas Gutes tun willst, musst du sie akzeptieren, wie sie nun einmal sind, und aufhören, sie zu beurteilen, zu analysieren, zu interpretieren oder ihr Leben ändern zu wollen. Indem du versuchst, andere Menschen in Ordnung zu bringen, oder indem du ihnen Ratschläge gibst, greifst du in ihr Leben ein.

Wenn du jedoch darauf vertraust, dass sie ihre eigenen Antworten finden, behandelst du sie als spirituell ebenbürtig. Du respektierst sie und gibst ihnen Freiheit. Du gehst davon aus, dass ihre innere Wahrheit ihnen den Weg weisen wird. Das ist gelebte Liebe. Das ist die Art bedingungsloser Liebe, die ihr einander entgegenbringen sollt.

◆

Stelle keine Regeln für andere Menschen auf. Das lenkt dich nur von deinem eigenen Leben ab. Lass andere ihren eigenen Weg finden. Unterstütze sie. Ermutige sie. Aber glaube nicht, du wüsstest, was gut für sie ist. Du weißt es nicht und wirst es auch niemals wissen.

Bleib bei deinem eigenen Leben. Bleib in deinem eigenen Herzen. Was immer du brauchst, um deine Bestimmung zu erfüllen, findest du in deinem Innern. Höre auf deine innere Stimme, achte sie, handle danach, bleib ihr treu, und sie wird immer deutlicher werden. Wenn du mit deiner eigenen göttlichen Natur verbunden bist, öffnen sich dir sämtliche Türen, durch die du gehen musst.

◆

Niemand kommt mit leerem Teller in diese Welt. Jeder bringt mindestens noch einen Rest mit, den er essen und verdauen muss. (Bei manchen sind es sogar Sieben-Gänge-Menüs! Aber ich werde auf niemanden mit dem Finger zeigen.)

Es liegt in deiner Verantwortung, so gut wie möglich mit dem fertig zu werden, was auf deinem eigenen Teller liegt. Mische dich nicht in das Leben anderer ein, sonst bekommst du womöglich noch eine zweite oder dritte Portion, die du auslöffeln musst.

Verstricke dich nicht in die Handlungen anderer. Du solltest noch nicht einmal eine Meinung darüber haben. Lass es einfach sein. Borge dir nichts aus dem Erfahrungsschatz eines anderen und mache auch keinen Versuch, anderen deine Erfahrungen aufzudrängen.

Schlafe in deinem eigenen Bett. Bereite dein eigenes Essen zu. Räume deinen Müll selbst weg. Sorge für dich selbst und lass andere das gleiche tun.

Das ist deine Aufgabe. Du bist nicht hier, um für andere zu tun, was sie für sich selbst tun müssen.

◆

Für manche Menschen ist es eine Offenbarung, dass sie nicht hier sind, um andere aus ihrem Leid zu erretten, sondern um durch ihren eigenen Schmerz hindurchzugehen. Kein Mensch kann das für einen anderen tun. Das ist die höchste Verantwortung eines jeden Individuums und bleibt es auch, solange ihr in diesem Körper lebt. Selbst wenn ihr euer Leben mit dem eines anderen Menschen verbindet, bleibt euch diese Verantwortung. Immer, wenn ihr sie aus den Augen verliert oder wenn ihr versucht, sie jemand anderem zu übertragen, müsst ihr unweigerlich den Preis dafür zahlen.

Würde jeder von euch die Wahrheit in seinem eigenen Herzen nähren, könntet ihr gemeinsam eine neue Welt erschaffen: eine Welt der Verwirklichung, nicht des Opferns, eine Welt der Gleichheit, nicht der Vorurteile, eine Welt der Einsicht und des Respekts, nicht des Kampfes und der Verzweiflung.

Lehrer, die dir Kraft geben

Ein authentischer spiritueller Lehrer beansprucht keine Autorität über andere. Er gibt auch nicht vor, Antworten für andere zu haben. Er predigt nicht. Er versucht nicht, andere in Ordnung zu bringen. Er akzeptiert die Menschen einfach, wie sie sind, und ermutigt sie, ihre eigene Wahrheit zu finden.

Er verleugnet die Dunkelheit nicht, aber er kämpft auch nicht dagegen an. Sanft unterstützt er alles, was das Licht verstärkt. Er weiß, dass das Licht selbst alle Wunden heilen wird.

Ein authentischer Lehrer glaubt nicht, dass Menschen böse sind oder die Welt dem Untergang geweiht ist. Er versteht den globalen Schrei nach Liebe und Annahme. Und das ist es, was er zu geben hat.

Ist er bereit, Menschen in Not Nahrung und medizinische Hilfe zu geben? Natürlich, aber er weiß auch, wem er das gibt. Er weiß, dass Essen wichtig ist, aber nicht das, worum eigentlich gebetet wird.

In Wirklichkeit wird um Liebe gebeten. Liebe ist die eigentliche Nahrung – und Liebe ist das, was er gibt.

◆

Wenn du klug bist, folgst du niemandem. Dann kannst du auch nicht irregeführt werden.

Brauchst du aber einen Lehrer, dann halte nach einem Ausschau, der dich ermutigt, auf die Wahrheit in deinem eigenen Herzen zu hören. Suche dir einen, der dich liebt, ohne dich kontrollieren zu wollen. Finde einen Lehrer oder eine Lehrerin, der oder die dich achtet und mit Würde und Respekt behandelt.

Jeder, der vorgibt, über besonderes Wissen zu verfügen, und es für Geld verkauft, ist ein falscher Prophet. Jeder, der will, dass du dich vor ihm verneigst, seine Ansichten übernimmst oder nach seinen Regeln lebst, ist ein falscher Prophet. Jeder, der für spirituelle Führung Geld oder sexuelle Dienste verlangt, ist ein falscher Prophet. Und auch der, der dich dazu bringen will, deine Macht, deine Würde oder deine Selbstachtung aufzugeben, ist ein falscher Prophet. Meide solche Menschen.

Suche nicht die Gesellschaft derer, die dir die Freiheit versagen, du selbst zu sein. Akzeptiere keinen Lehrer und keine Lehrerin, der oder die versucht, Entscheidungen für dich zu treffen. Lass dir von niemandem Vorschriften machen und überlasse niemandem die Kontrolle über dein Leben.

Achte aber auch darauf, dass du anderen keine Vorschriften machst oder versuchst, ihnen ihre Entscheidungsfreiheit zu nehmen. Jeder Versuch dieser Art hält dich im Teufelskreis des Leidens gefangen.

Was du anderen gibst, wirst du zurückbekommen. Sei weder Täter noch Opfer. Sei einfach du selbst und gib anderen die Erlaubnis, sie selbst zu sein.

◆

Liebe ist der einzige Zugang zu einem spirituellen Leben. Ohne Liebe gibt es nur Dogmen und starre, angstbesetzte Glaubenssysteme. Ohne Liebe gibt es kein Mitgefühl und keine Barmherzigkeit.

Diejenigen, die andere verurteilen, ihnen predigen und sie „erlösen" wollen, projizieren nur ihre eigene Angst und ihr Gefühl der Unzulänglichkeit nach außen. Sie bedienen sich der religiösen Terminologie, um die Liebe zu ersetzen, die sie weder geben noch empfangen können.

Viele von denen, die innerlich von der Liebe abgeschnitten sind, steigen jeden Sonntag auf die Kanzel, um die Botschaft ihrer eigenen Angst zu verbreiten. Verurteile sie nicht, denn sie schreien auf ihre eigene, schmerzliche Weise nach Liebe. Du brauchst aber auch das Bündel Schuld nicht zu akzeptieren, das sie dir vor die Füße werfen. Es ist nicht deines.

Menschen, die ein wahrhaft spirituelles Leben führen, ganz gleich, welcher Tradition sie angehören, sind in ihrer Liebe zu Gott und allen Wesen verankert. Sie haben nur gute Wünsche und Lob für andere. Für sie sind spirituelle Etiketten bedeutungslos.

Für diejenigen, die ihren Glauben leben, ist Gott der einzige König der Könige und sie erachten alle Männer und Frauen, ungeachtet ihres Glaubens, als absolut und bedingungslos ebenbürtig. Alle werden von Gott gleichermaßen geliebt und geschätzt. Es gibt keine Ausgestoßenen und keine Heiden.

Ich habe es schon früher gesagt und ich sage es wieder: Religiöse Dogmen, Selbstgerechtigkeit und falscher Stolz führen zu Trennung, Ächtung und Entfremdung. Es sind die Instrumente der Verurteilung, nicht der Liebe.

Diejenigen, die stets etwas an anderen auszusetzen haben, befolgen meine Lehre nicht. Meine Schüler lernen, alles, was geschieht, mit offenem Herzen und Geist zu betrachten. Ihre Bereitschaft, engstirnige Glaubenssätze und Vorurteile loszulassen, wächst ständig. Ihr Leben ist ihre Lehre, die sie mit liebevollen Taten und nicht mit harten, unversöhnlichen Worten praktizieren.

◆

Es ist besser, neutral zu bleiben, als ohne Einsicht oder Verständnis zu reden oder zu handeln. Lege deine Bibeln, deine Sutras und deine heiligen Bücher beiseite. Bestehe nicht darauf, dass andere so leben, wie du es für richtig hältst. Wenn andere dir am Herzen liegen, dann liebe sie einfach. Zeig, dass du fähig bist, liebevoll und voller Mitgefühl zu sprechen und zu handeln. Das wird die Aufmerksamkeit der Menschen mehr erregen als sämtliche Predigten.

Deine Aufgabe besteht nicht darin, anderen zu predigen, sondern, die Wahrheit in deinem eigenen Herzen zu finden. Du allein weißt, auf welchem Weg du das Ziel deines Daseins auf dieser Erde am besten erreichen kannst. Doch dieses Wissen liegt oft tief in deinem Innern verschüttet. Manchmal musst du sehr lange lauschen, um dich mit deiner eigenen Weisheit verbinden zu können. Und manchmal kannst du dich erst dann mit dir selbst verbinden, wenn du aufhörst das zu tun, was du nach Meinung anderer tun solltest.

◆

Der Weg, den ich dir gezeigt habe, steht jedem offen. Jeder, der will, kann ihn gehen. Es sind keine besonderen Voraussetzungen nötig: keine Taufe, keine Bekenntnisse, keine Kommunion. Keine Äußerlichkeit kann dich davon abhalten, meine Lehre anzunehmen und zu leben.

Das bedeutet allerdings nicht, dass jeder bereit ist, diesen Weg zu gehen. Solange du noch an Dogmen oder Glaubenssystemen festhältst, wirst du nicht in der Lage sein, den ersten Schritt zu tun. Und solange du überzeugt bist, dass du oder irgend jemand anders böse oder schuldig ist, kannst du nicht weitergehen. Wenn du glaubst, dass du die Antworten bereits kennst, fängst du vielleicht an zu laufen, aber dann bist du auf einem anderen Weg.

Mein Weg steht allen offen und dennoch gehen ihn nur wenige. Wenige sind bereit aufzugeben, was sie zu wissen glauben, um zu lernen, was sie noch nicht wissen. So war es, als ich diesen Weg zum ersten Mal ging, und so ist es noch heute. Viele sind aufgerufen, aber nur wenige antworten.

Das Gute entdecken

Ihr lebt in einer Welt, in der jeder zum Schuldigen gemacht wird. Die meisten Lehren treffen dich wie ein Hammer. Im besten Fall bieten sie dir eine Korrektur an, im schlimmsten verdammen sie dich.

Meine Lehre ist anders. Ich sage dir, dass du nicht schlecht bist. Du bist nicht schuldig, was du auch getan und wie viele Fehler du auch gemacht haben magst. Ich erinnere dich an die Wahrheit über dich selbst. Deine Herausforderung besteht darin, dein Herz für diese Wahrheit zu öffnen. Wie du das tun kannst? Indem du dich weigerst, andere zu verurteilen oder zu verdammen. Indem du aufhörst, dich zu beklagen und nach Fehlern zu suchen. Indem du dich an deinen Beziehungen freust und dankbar bist für all die Liebe, das Schöne und das Gute in deinem Leben. Indem du dich auf das konzentrierst, was da ist, und nicht auf das, was nicht da ist. Indem du das Gute in deinem Leben entdeckst, verstärkst du es und kannst es an andere weitergeben.

Nicht urteilen

Nur wer stolz und überheblich ist, glaubt, dass er allein im Besitz der Wahrheit ist und das Recht hat, über andere zu urteilen. Die Bescheidenen wissen, dass sie kein Recht dazu haben.

Ich verdamme die Menschen nicht, die Ehebruch begehen, sich scheiden lassen oder ein Kind abtreiben. Denn würde ich diese Taten verurteilen, würden die gekreuzigt, die sie begangen haben. Dann hätten wir eine neue Inquisition und einen weiteren heiligen Krieg, in dem Gut gegen Böse und Gerecht gegen Ungerecht kämpft.

Es ist nicht meine Aufgabe zu verdammen, sondern vielmehr zu verstehen und zu segnen. Es ist meine Aufgabe, die Angst in den Augen der Menschen zu sehen und sie daran zu erinnern, dass sie geliebt werden. Und wenn das meine Aufgabe ist, warum sollte ich dann wollen, dass du diejenigen, die deine Liebe am nötigsten brauchen, verdammst und exkommunizierst? Willst du mich auf die Ebene deiner Angst ziehen, mir deine Worte in den Mund legen? Mein Freund, meine Freundin, hör auf damit, halt inne. Du hast mich missverstanden. Du bist auf dem falschen Weg. Meine Lehre hat nur mit Liebe zu tun, nicht mit Verurteilung, Verdammung oder Bestrafung.

Zwei Gebote

Ich habe euch nur zwei Gebote gegeben: Gott zu lieben und einander zu lieben. Das sind die einzigen Gebote, die ihr braucht. Bittet mich nicht um mehr. Bittet mich nicht darum, in euren Seifenopern Partei zu ergreifen. Bin ich für das Leben oder für die Freiheit des Handelns? Wie könnte ich das eine ohne das andere sein?

Wenn die Wahrheit zu dir kommt, wirst du es nicht mehr nötig haben, deinen Bruder oder deine Schwester anzugreifen. Selbst wenn du überzeugt bist, dass du Recht hast und er Unrecht, wirst du ihm die Wahrheit nicht „um die Ohren hauen", sondern ihm dein Verständnis und deine Unterstützung anbieten. Und so werdet ihr, weil ihr Liebe und Freundlichkeit miteinander teilt, der Wahrheit gemeinsam noch näher kommen.

Jedes Mal, wenn ich etwas lehre, kommt irgend jemand daher und verwandelt meine Worte in einen Stock, mit dem er auf andere einschlagen kann. Merkt euch, meine Freunde, Worte, die benutzt werden, um auf andere einzuschlagen, können nicht von mir stammen. Ich habe euch den Schlüssel zur Tür im Innern angeboten. Bitte benutzt ihn und macht euch keine Sorgen darüber, was andere denken und tun. Arbeitet an euch selbst. Wenn ihr euch in den Dienst dieser Lehre stellen wollt, müsst ihr euch zunächst damit beschäftigen. Macht euch nicht zum Sprachrohr für Überzeugungen, die ihr nicht voll in euer eigenes Leben integriert habt.

Alle, die meine Lehre weitergeben, tun dies von der gleichen Bewusstseinsebene aus wie ich. Andernfalls kann das, was sie verbreiten, nicht meine Lehre sein.

Gleichheit für alle

Frauen und Männer haben einen ebenbürtigen Platz in meiner Lehre. Das war schon immer so und wird auch immer so bleiben. Diejenigen, die Frauen ihren rechtmäßigen Platz in meiner Kirche verweigern, handeln nicht nach meiner Lehre. Auch für Homosexuelle und Lesben, für Schwarze und Asiaten, für Fundamentalisten, Buddhisten und Juden, für Rechtsanwälte und Politiker ist Platz in meiner Gemeinschaft. Jeder ist willkommen. Niemand soll ausgeschlossen werden. Und alle, die Teil der Gemeinschaft sind, sollen Gelegenheit bekommen, in Führungspositionen zu dienen. Meine Lehre war nie exklusiv oder hierarchisch. Ihr habt der Wahrheit, die ich gelehrt habe, eure Meinungen und Urteile übergestülpt. Ihr habt aus dem Haus der Andacht ein Gefängnis der Angst und der Schuld gemacht. Meine Freunde, ihr habt vieles missverstanden.

Aber ihr habt immer noch die Chance, aus euren Fehlern zu lernen. Bereut eure lieblosen Taten und leistet Wiedergutmachung an denen, die ihr verletzt oder unfair beurteilt habt. Eure Fehler schaden euch nicht, solange ihr nicht darauf besteht, an ihnen festzuhalten. Lasst sie los. Ihr könnt wachsen. Ihr könnt euch ändern. Ihr könnt klüger werden. Ihr könnt aufhören, ein Sprachrohr für die Angst zu sein, und zu einem Fürsprecher der Vergebung und Liebe werden.

Bisher wurde noch keinem Schiff die Einfahrt in den Hafen der Vergebung verwehrt. Was ihr auch gesagt oder getan haben mögt, ich werde euch mit offenen Armen willkommen heißen. Ihr braucht nichts weiter zu tun, als eure Fehler einzugestehen und sie loslassen zu wollen.

◆

Wenn du genau hinschaust, wirst du feststellen, dass die Menschen, die das stärkste Bedürfnis haben, anderen zu sagen, was sie tun sollen, am wenigsten an sich selbst glauben. Sie haben noch nicht einmal begonnen, auf die Stimme in ihrem eigenen Herzen zu hören, und dennoch predigen sie anderen, was sie tun oder lassen sollen.

Es ist keinesfalls ungewöhnlich, dass Menschen einen Tempel über eine Fallgrube bauen und ihn dann als Gottes heiligen Zufluchtsort bezeichnen. Ich habe euch oft gesagt, dass ihr vorsichtig sein sollt. Die Dinge sind nicht immer so, wie sie scheinen. Wölfe verbergen sich in Schafspelzen, Gefängnisse aus Angst und Verurteilung wirken äußerlich wie Tempel der Liebe und Vergebung.

Es ist gut, die Augen offen zu halten. Schließe dich der Herde nicht an, bevor du die Früchte ihrer Taten gesehen hast. Worte sind oft irreführend und nicht viel wert.

Niemand weiß mehr als du selbst

Erinnere dich daran, dass niemand mehr weiß als du selbst. Niemand kann dir etwas geben, das du nicht bereits hast.

Vergiss alle Lehrer und Gurus, alle weltlichen und kirchlichen Kulte. Vergiss alle Dogmen, alle esoterischen und metaphysischen Hilfsmittel. Nichts von all dem wird dir Freiheit von Schmerz und Leid bescheren. Es macht die Last, die du trägst, nur noch schwerer. Sei realistisch in Bezug auf deine irdische Existenz. Hier gibt es nur einen Menschen, der aufwachen muss, und das bist du. Diejenigen, die ein Geschenk für dich haben, werden es nicht zurückhalten. Und die, die dir Informationen oder Liebe vorenthalten, haben dir nichts zu geben. Hüte dich vor jenen, die dich durch Reifen springen oder

Schlange stehen lassen wollen. Sie füllen lediglich ihre eigenen Taschen auf deine Kosten. Lehne die Vorstellung ab, dass das Heil irgendwo außerhalb von dir liegt. Das ist nicht wahr.

Wenn du das glaubst, werden andere dir nur allzu bereitwillig sagen, was du tun sollst, oder dir deine Freiheit nehmen. Lebe nicht nach den Regeln anderer Leute. Lebe nach Gottes Regeln. Bringe deinem Selbst Hochachtung entgegen. Es ist unantastbar und muss es bleiben. Bringe auch anderen Hochachtung entgegen. Du sollst sie respektieren und ihnen ihre Freiheit zugestehen.

Aber löse dich klar und heiter von Menschen, die dir sagen wollen, wie du denken oder handeln sollst. Lass dir nicht einreden, dass du irgendwo dort draußen etwas erreichen könntest, wenn du dich nur besser benehmen würdest oder wertvoller, spiritueller, intelligenter oder was auch immer wärst.

Trage nicht dazu bei, die Taschen derer zu füllen, die dir nichts als leere Versprechungen machen. Es spielt keine Rolle, was sie versprechen: mehr Sicherheit, mehr Geld, mehr inneren Frieden, mehr Erleuchtung.

Du bist bereits erleuchtet, mein Freund, meine Freundin. Du lebst bereits in absoluter Sicherheit. Du hast absoluten inneren Frieden und alles, was du brauchst, um deine kreative Aufgabe zu erfüllen. Nur eines hast du nicht: das Bewusstsein, dass all das wahr ist.

Dieses Bewusstsein kann dir niemand geben. Ich nicht und auch kein Gebrauchtwagenhändler und kein Swami, der Samadhi verhökert. Und wenn jemand behauptet, er könne es dir geben, dann solltest du einmal herzhaft lachen. Leg den Arm um ihn und sag ihm, dass dies der beste Witz ist, den du seit fünfzig Jahren gehört hast.

Verstehst du, was ich sage? Niemand kann dir dieses Bewusstsein geben! Bewusstsein ist kein Geschenk, sondern eine Bewegung des Selbst, eine energetischer Impuls, präsent und lebendig zu sein.

Bewusstsein ist etwas, über das alle Wesen grundsätzlich verfügen.

Wünsch dir einfach, bewusst zu sein, und du bist bewusst. Bewusstsein kommt und geht mit dem Atem. Wenn du bewusst sein willst, dann atme! Atme ein, um diesen Augenblick ganz in dich aufzunehmen. Atme aus, um ihn loszulassen. Atme, atme, atme. Jeder Atemzug ist ein Akt der Bewusstheit.

Wenn ich an deiner Tür klingeln und dir erzählen würde, dass ich Atemzüge für fünf Millionen Mark das Stück zu verkaufen hätte, würdest du das sicher komisch finden. Du würdest vielleicht antworten: „Das ist ja ganz nett, Bruder, aber ich habe bereits so viele Atemzüge wie ich brauche." Natürlich hast du sie, aber du vergisst es immer wieder. Du kaufst weiterhin Versicherungspolicen, verliebst dich in den Märchenprinzen oder die Traumprinzessin, jagst hinter dem Doktor „Ich-schenk-dir-Wohlbefinden" her oder hinter dem Swami „Ich-hab-was-du-brauchst-komm-und-hol-es-dir-für-fünf-Mark". Sie haben alle so lange Namen. Es ist ein Wunder, dass du sie überhaupt aussprechen kannst!

Atme tief ein, mein Freund, meine Freundin. Ja, nimm einen tiefen Atemzug. Niemand hat, was du brauchst. Hast du gehört? Niemand! Du bist wirklich ganz allein hier. Aber das ist nicht so schlimm wie du denkst, denn an dir ist alles dran. Wenn du einfach lang genug bei dir selbst bleibst, ohne deine Macht an andere abzugeben, wirst du alle abgespaltenen Aspekte deines Selbst zurückholen – weil sie nie fort waren. Sie sind bei deiner wilden Hetzjagd nur verloren gegangen.

„Häng einfach eine Weile herum und du wirst es begreifen." Ein großartiger Rat von einem heiligen Mann? „Diesen Typen schicken wir besser in ein Management-Seminar oder in einen Spiritualität-und-Wirtschaftsleben-Workshop, sonst kriegt er sein Leben nie auf die Reihe."

Hier kommt die gute Nachricht, meine Freunde: Ich muss mein Leben nicht „auf die Reihe" kriegen. ICH BIN das Leben. Und ihr seid es auch. Bleibt einfach bei euch und ihr werdet verstehen, was ich meine. Ihr habt es nie verloren. Ihr tut nur so.

In einem Augenblick warst du vollkommen präsent, im nächsten war nur dein Körper hier, während dein Geist im Urlaub auf den Bahamas war. Jetzt, nach dreißig Jahren – oder wie lang es eben gedauert hat – kannst du zurückkommen, deinen Körper in Besitz nehmen und im nächsten Augenblick ganz präsent sein.

Kannst du dir vorstellen, dass zwischen einem Atemzug und dem nächsten dreißig Jahre liegen? Es klingt vielleicht seltsam, aber ich kann dir versichern, dass dies eine keineswegs ungewöhnliche Erfahrung ist. Es braucht dir noch nicht einmal peinlich zu sein. Das nächste Mal, wenn dich jemand fragt, wie alt du bist, sag einfach die Wahrheit. „Die Leute behaupten, ich sei fünfundvierzig, aber ich habe nur viermal richtig ein- und ausgeatmet."

Das ist ein Scherz. Oder? Wie oft hast du völlig bewusst geatmet?

Aber mach dir keine Gedanken über die Vergangenheit. Fang einfach jetzt damit an. Atme und nimm dein Leben in Besitz. Atme und lass alle mentalen und emotionalen Krücken stehen, die du mit dir herumgeschleppt hast. Atme und vergiss sämtliche Worte, die du von allen möglichen Autoritätspersonen gehört hast.

Atme und werde weich. Atme und werde kraftvoll. Atme und sei. Du bist authentisch, du bist ganz. Du bist ein Kind des großen Geistes, der uns alle beseelt.

Für die Wahrheit einstehen

Vereinbarungen neu aushandeln

Missbrauch und Verrat geschehen, wenn ihr starr an einmal gemachten Plänen festhaltet oder Vereinbarungen aus Angst brecht. Wenn du eine Vereinbarung eingehst und dich später nicht mehr wohl damit fühlst, liegt es in deiner Verantwortung, die anderen Beteiligten darüber zu informieren. Du bringst anderen stets die größte Achtung entgegen, wenn du ihnen die Wahrheit über deine Erfahrung sagst.

Ambivalenz

Wenn du „ja" oder „nein" sagst und auch „ja" oder „nein" meinst, ist das eine klare Art der Kommunikation. Wenn du hingegen „nein" sagst und „ja" meinst oder umgekehrt, schaffst du die Voraussetzungen für Missbrauch.

Nein zu dem sagen, was falsch ist

Muss ich dich daran erinnern, dass es nicht besonders populär ist, sich der Wahrheit zu verpflichten? Oft bedeutet das nämlich, „ja" zu sagen, wenn andere

„nein" sagen, oder „nein", wenn andere „ja" sagen. Viele von euch können sich nicht vorstellen, dass Nein sagen ein liebevoller Akt sein kann. Dennoch ist es sehr leicht, auf liebevolle Weise „nein" zu sagen. Wenn dein Kind seine Hand auf die heiße Herdplatte legen will, sagst du schnell und bestimmt „nein". Du willst nicht, dass es sich verletzt. Und dann nimmst du es in den Arm und zeigst ihm, wie sehr du es liebst.

Wie oft siehst du, dass dein Bruder im Begriff ist, seine Hand auf die heiße Herdplatte zu legen. Du kannst kein Verhalten gut heißen, das offensichtlich dazu führt, dass sich ein anderer verletzt. Schließlich willst du ja auch nicht, dass deine Freunde dich in einem solchen Verhalten bestärken.

◆

Ein Freund spricht seine Wahrheit aus und erinnert dich gleichzeitig daran, dass du dich entscheiden kannst wie du willst. Er ist bereit, seine Erfahrung mit dir zu teilen, aber er versucht nicht, dir seine Meinung aufzuzwingen.

Du kannst kein Freund sein, wenn du nicht bereit bist, die Wahrheit zu sagen. Doch Ehrlichkeit allein ist nicht genug. Ehrlichkeit und Demut müssen Hand in Hand gehen. Deine Demut sagt zu deinem Bruder: „Ich sehe die Sache so. Vielleicht habe ich Recht, vielleicht auch nicht. Wie siehst du es? Schließlich bist du derjenige, der die Entscheidung treffen muss."

Ziviler Ungehorsam

Meine Kreuzigung war ein Akt des zivilen Ungehorsams. Ich habe Folter und Tod auf mich genommen, weil ich mich weigerte, irgend etwas anderes als die Wahrheit zu verkünden, die ich in meinem Herzen trug.

Es ist nicht leicht, angesichts großer Widerstände zur Wahrheit zu stehen. Wer zu sehr an seinem Körper hängt, kann es nicht tun. Nur ein Mensch, der die Wahrheit über alles andere stellt, wird sich um seiner Überzeugung willen in Gefahr begeben. Natürlich bin ich nicht der einzige, der das getan hat. Ihr kennt noch andere. Ihr wisst, dass es viele Menschen gab, die ihre Furcht überwunden haben, um für das einzustehen, woran sie glaubten.

Gewaltlosigkeit

Zur Wahrheit zu stehen ist zwar ein Kraftakt, aber kein gewalttätiger Akt. Ein Mensch, der für die Wahrheit einsteht, muss das auf liebevolle Weise tun, sonst ist das, wofür er oder sie einsteht, nicht die Wahrheit.

Manchmal musst du für dich selbst einstehen, manchmal für andere, die missbraucht oder ungerecht behandelt werden. Du kannst dein Leben nicht in ständiger Angst verbringen. Du kannst dich nicht in eine Ecke kauern, während andere Entscheidungen für dich treffen. Du musst aufstehen und deinen rechtmäßigen Platz einnehmen. Aber tu das bitte liebevoll, mitfühlend und respektvoll. Tu es in dem Bewusstsein, dass es da draußen keine Feinde gibt. Jeder Bruder und jede Schwester, wie wütend, ängstlich und verwirrt er oder sie auch sein mag, verdient deine Unterstützung und deinen Respekt. Und dein Verhalten wiegt genauso schwer wie deine Taten oder deine Worte.

Innere Autorität

Ich zeige dir die Macht, die sich manifestiert, wenn ein Mensch auf seine innere Stimme hört und ihr folgt – auch gegen die Einwände oder das Urteil anderer Menschen. Ich stehe für die innere Autorität der universalen Herz-Geist-Einheit, die alles gleichermaßen achtet. Ich weiß, dass du nichts anderes als authentisch werden kannst, wenn du auf das Göttliche in deinem Innern vertraust.

Ich habe dir gezeigt, wie du dich von elterlicher, kultureller und religiöser Autorität befreien kannst. Ich habe dir gesagt, dass die Sitten und Gesetze der Menschen von den Bedingungen und Umständen ihrer Erfahrungswelt bestimmt werden. Sie können nicht über ihren Tellerrand hinaussehen.

Ich habe dich aufgefordert, mutig für dich allein zu stehen, damit du die einschränkenden Identifikationen loslassen kannst, die verhindern, dass du erkennst, wer du bist. Ich habe dich aufgefordert, dein Zuhause und deinen Arbeitsplatz zu verlassen, damit du zurücktreten, dein Leben aus der Distanz betrachten und die begrenzenden, auf Angst beruhenden Beziehungsmuster erkennen kannst. Ich habe dich aufgefordert, einen Schritt zurückzutreten, damit du erkennst, dass du dich nicht unter Wert verkaufen musst.

Ein Mensch muss sein Elternhaus verlassen und sich neuen Erfahrungen öffnen, wenn er oder sie sich ein eigenes Zuhause aufbauen will. Aus dem gleichen Grund musst du deine Schule, deine Karriere, deine Religion und deine Beziehung hinter dir lassen, denn nur so kannst du herausfinden, wer du ohne diese äußeren Bedingungen wirklich bist.

Du bist mehr als nur Sohn oder Tochter, Ehemann oder Ehefrau, Zimmermann oder Klempner, Farbiger oder Weißer, Christ oder Jude. Doch wenn du dich mit diesen Rollen identifizierst, wirst du die Essenz in deinem Innern nie entdecken und nie einen Weg finden, um die unvermeidliche Spaltung zu überwinden, die diese äußeren Definitionen in deinem Leben erzeugen.

Ich habe dich aufgefordert, anderen respektvoll zuzuhören, aber ihre Vorstellungen und Meinungen niemals zum Maßstab für dein Leben zu machen. Ich habe dich aufgefordert, die für dich maßgebliche Autorität in deinem eigenen Innern zu finden und selbst dann zu ihr zu stehen, wenn dir niemand zustimmt. Und ich habe dich gebeten, dieser inneren Autorität zu folgen, selbst wenn das bedeutet, dass du dich der Kritik deiner Freunde, deiner Familie, deiner Kirche, deiner politischen Partei und deines Landes aussetzen musst.

Ich habe dich aufgefordert, für dich allein zu stehen – nicht weil ich dich isolieren will, sondern damit du die Wahrheit erkennen und dich darin verankern kannst. Es werden nämlich Zeiten kommen, wo du zu dieser Wahrheit stehen musst, und das inmitten einer Menge von Menschen, welche die Wahrheit ignorieren, Menschen, die ihre Brüder und Schwestern zu Sündenböcken machen und sie verdammen, so wie sie mich einst verdammt haben. Es werden Zeiten kommen, mein Freund, in denen du der Rufer in der Wüste sein wirst, der den Menschen hilft, ihren Weg zurück nach Hause zu finden. Aber du hättest nicht zum Rufer werden können, wenn du dein Zuhause nicht verlassen und gelernt hättest, allein für die Wahrheit einzustehen.

Wahrheit, Essenz und Liebe

Die Wahrheit wohnt in deinem Herzen – genau wie die Liebe und deine Essenz. Aber du kannst sie nur verkörpern und zum Ausdruck bringen, wenn du es nicht nötig hast, Recht zu haben, wiedergeliebt oder anerkannt zu werden.

Wenn du zur Wahrheit, zur Liebe und zur Essenz vordringen willst, darfst du dich nicht mit ihren Imitationen zufrieden geben. Wenn du mit Bedingungen verknüpfte Liebe akzeptierst, wirst du keine bedingungslose Liebe erfahren. Wenn du irgendeine Form von Dogma, irgendein Urteil oder Vorurteil als wahr akzeptierst, wirst du die reine Wahrheit des Herzens nie kennen lernen. Wenn du die Anerkennung anderer Menschen suchst und von ihrer Meinung über dich abhängig bist, wirst du dein wahres Selbst nie zum Ausdruck bringen.

Wenn du das Falsche mit dem Echten verwechselst, kannst du das Echte nicht bejahen und das Falsche nicht verneinen. Das, meine Freunde, ist das Problem mit Worten und Vorstellungen. Wenn du zum Kern vordringen willst, musst du über Worte und Vorstellungen hinausgehen.

Wenn du von Liebe sprichst, dann frage dich: „Ist meine Liebe frei von Bedingungen?" Sprichst du von Wahrheit, dann frage dich: „Ist meine Wahrheit frei von Urteilen oder persönlichen Meinungen?" Sprichst du von Essenz, dann frage dich: „Bin ich abhängig davon, wie Menschen mich wahrnehmen oder auf mich reagieren?"

Die Freiheit, du selbst zu sein, erfordert mehr Losgelöstheit als du glaubst. Solange du noch irgend etwas von irgend jemandem willst, kannst du nicht du selbst sein. Nur wenn du nichts Bestimmtes von irgend jemandem mehr willst, bist du frei, du selbst zu sein, frei, anderen ehrlich und authentisch gegenüberzutreten.

Ich sage das nicht, um dich zu entmutigen, sondern um dich auf die Dimensionen der Reise vorzubereiten, die du angetreten hast. Wenn du ein selbstverwirklichter Mensch sein willst, musst du dich von allen Erwartungen und Bedingungen lösen, ganz gleich, ob sie von dir selbst oder von irgend jemand anderem kommen.

Der Quelle vertrauen

Vertraue auf deine Verbindung zur Quelle aller Dinge. Du hast alles, was du brauchst, um in deinem Leben weise geführt zu werden. Du bist nicht weiter von Gott entfernt als ich. Ich muss dich nicht vor die Füße des Göttlichen führen. Du bist bereits da.

Gott kann sich nicht von dir entfernen. Wenn du die göttliche Gegenwart nicht spürst, dann deshalb, weil du dich entfernt hast. Du hast deine Macht an irgendeine irdische Autorität abgegeben. Du hast den Ort in deinem Innern verlassen, den Ort, an dem Gott wohnt, um dich in der Welt auf die Suche nach etwas Besonderem zu machen. Du kommst immer mit leeren Händen von dieser Suche zurück, aber das hat nicht zur Folge, dass du aufhörst, außerhalb von dir selbst nach Antworten zu suchen.

◆

Wenn du einen Lehrer hast, der dir Kraft gibt, bin ich glücklich. Für mich spielt es keine Rolle, ob dieser Lehrer Buddhist oder Jude ist, Christ oder Moslem, Schamane oder Geschäftsmann. Wenn du durch ihn oder sie lernst, auf dich selbst zu vertrauen und dein Herz und deinen Geist weiter zu öffnen, freue ich mich für dich. Es spielt keine Rolle, welchen Weg du gehst, an welche Symbole du glaubst oder welche Schriften dir heilig sind. Ich schaue mir die Früchte deines Glaubens an, um zu sehen, ob du in Kontakt mit deiner Göttlichkeit kommst oder ob du deine Macht an irgend jemanden abgibst.

Nein, ich beanspruche deine Loyalität nicht ausschließlich für mich. Ich bitte dich nur, einen Lehrer oder eine Lehrerin zu wählen, der oder die dir Mut macht, die Wahrheit in deinem eigenen Herzen zu suchen, denn nur dort wirst du sie finden. Wenn du jedoch deine Macht abgibst – an mich oder irgend jemand anders –, weiß ich, dass du mich nicht gehört hast.

◆

Dein Weg hat seine eigene, einfache Schönheit, sein eigenes Mysterium. Er verläuft nie so, wie du denkst. Und dennoch wirst du intuitiv immer wissen, wohin du deinen Fuß setzen musst.

Ihr bereitet den inneren Tempel vor, damit Gott dort einziehen kann. Und wer, meine Freunde, ist Gott, wenn nicht der Eine in euch, der weiß und versteht, der Eine, der euch unter allen Umständen, jetzt und immer liebt und akzeptiert? Dieses Wesen ist nicht irgendwo außerhalb von euch, sondern im tiefsten Innern eures Herzens. Wenn ihr aufrichtig fragt, ist dies der Eine, der antwortet. Wenn du anklopfst, ist dies der Eine, der die Tür öffnet.

◆

Tief in deinem Innern ertönt der Weckruf. Er klingt nicht wie der Ruf, den irgend jemand anders vernimmt. Wenn du auf andere hörst, wirst du den inneren Ruf nicht hören. Doch wenn du ihn erst einmal vernommen hast, wirst du erkennen, dass andere ihn auch hören – auf ihre Weise. Und du wirst in der Lage sein, dich mit ihnen zusammenzutun, damit ihr euch gegenseitig unterstützen könnt. Indem du sie segnest, segnest du dich selbst. Indem du ihnen die Freiheit lässt, ihren eigenen Weg zu gehen, befreist du dich selbst und kannst deinen Weg gehen.

Die Form und das Formlose

Der Körper

Wann immer ich auf die Begrenzungen des physischen Körpers hinweise, interpretiert irgend jemand meine Aussage so, als hätte ich gesagt, der Körper sei schlecht, minderwertig oder „böse". Diese Neigung, den Körper abzulehnen, ist eine Form von Anhaftung an den Körper. Immer wenn man einem Verlangen Widerstand leistet, wird das Verlangen stärker. Der Körper ist in keiner Weise schlecht oder minderwertig. Er ist einfach nur eine vorübergehende Erscheinung. Du wirst den höchsten Sinn niemals in der Befriedigung körperlicher Bedürfnisse finden können. Du findest den höchsten Sinn aber auch nicht, indem du die Bedürfnisse des Körpers leugnest. Gut für den Körper zu sorgen, ist ein würdevoller Akt. Die ständige Beschäftigung mit körperlichen Vergnügungen oder Schmerzen ist hingegen alles andere als würdevoll.

◆

Die Existenz in einem physischen Körper ist sowohl ein Privileg als auch eine Herausforderung. Sie gibt dir Gelegenheit, viel zu lernen. Und dennoch darfst du nicht vergessen, dass alles, was der Körper für dich tun kann, eines Tages wieder zunichte gemacht wird. Was bedeutet das Vergnügen, das dir Essen, Trinken, Sex, Schlaf und Unterhaltung bereiten können, wenn der Körper nicht mehr existiert? Den Körper zu verherrlichen ist genauso wenig hilfreich wie ihn zu verleugnen. Der Körper ist ein Instrument, ein Vehikel, mit dessen Hilfe ihr Erfahrungen sammeln könnt. Er erfüllt einen Zweck. Ich habe meinen Körper benutzt, um meine Mission auf dieser Erde zu erfüllen, so wie du die deine erfüllen musst. Ich habe körperliche Freuden und körperliches Leid erfahren, genau wie auch du sie zweifellos erfahren hast. Jeder Mensch, der auf diese Erde kommt, wird unweigerlich Lust und Schmerz, Liebe und Tod erfahren.

Der Körper ist ein Vehikel, ein Werkzeug des Lernens. Missachtet und verleugnet ihn nicht, aber macht ihn auch nicht zu einem Gott, den ihr anbetet. Nehmt ihn nicht wichtiger oder unwichtiger, als er ist.

Wenn ihr euch an eurem Körper freut und gut für ihn sorgt, kann er euch besser dienen. Aber kein Körper ist vollkommen. Jeder Körper ist irgendwann dem Verfall preisgegeben. Kein Körper ist für die Ewigkeit geschaffen. Diejenigen unter euch, die von physischer Unsterblichkeit sprechen, haben überhaupt nicht verstanden, worum es geht.

Die Herausforderung besteht nicht in dem Versuch, physische Unsterblichkeit zu erlangen, sondern darin, sich den eigenen Erfahrungen hinzugeben, damit der Körper transformiert und verfeinert werden kann. Dann werdet ihr ein Instrument für eure eigene Erlösung und die Erlösung anderer sein.

Einst habe ich euch gebeten, in der Welt, aber nicht von der Welt zu sein. Ich habe euch aufgefordert, ganz im Körper zu sein, den Körper zu achten und als Mittel zu nutzen, um Liebe weiterzugeben. Aber ich habe euch auch gebeten, euch nicht an den Körper zu klammern. Ich habe euch gesagt, dass ihr euer Haus nicht auf Sand bauen sollt, wo jeder Sturm es hinwegfegen kann. Manche Dinge sind endlich und flüchtig, andere sind ewig. Der Körper ist nichts Ewiges. Er kann euch bestenfalls vorübergehend dienen.

Sexualität

Manche Leute lehnen eine gesunde Sexualität ab, weil es ihnen schwer fällt, ihre eigene Sexualität zu akzeptieren. Diese Menschen, unter ihnen auch viele Kirchenleute, vergiften den Brunnen für andere. Hört nicht auf sie. Sie haben ihre eigenen schwierigen Lektionen in diesem Leben zu lernen.

Der einzig verwerfliche Ausdruck von Sexualität ist Sex ohne Liebe. Manche Menschen sind süchtig nach dieser Art von Sexualität. Sie versuchen, Befriedigung durch die mit dem Orgasmus einhergehende Lust zu finden. Doch das funktioniert nie, weil auf den Gipfel eines jeden Orgasmus das Tal des existentiellen Kontaktes mit dem Partner folgt. Wenn du die Person, mit der du zusammen bist, liebst, ist das Tal ein friedlicher, angenehmer Ort. Liebst du sie aber nicht, wirst du dich leer und unbehaglich fühlen.

Sex ohne Liebe ist letztendlich unbefriedigend und Sucht erzeugend. Man braucht immer mehr – mehr Sex, mehr Partner, mehr Stimulation. Aber mehr ist nie genug. Wenn du dich mit jemandem, den du nicht liebst, auf eine sexuelle Beziehung einlässt, entwürdigst du dich selbst und den anderen. Lass dich nicht auf Sex mit jemandem ein, den du nicht liebst. Und selbst wenn du in einer liebevollen Partnerschaft lebst, solltest du dich nicht auf Sex einlassen, wenn dein Herz gerade nicht offen für deinen Partner ist. Sex ohne Liebe, unter welchem Vorwand auch immer, zersplittert die Energie eurer Vereinigung und vertieft eure emotionalen Wunden.

◆

Lasst eure sexuelle Vereinigung zu einem Akt der Freude werden, einem Akt der Hingabe an den Christus in euch beiden. Körperliche Liebe ist nicht weniger schön als jede andere Form der Liebe und kann auch gar nicht davon getrennt werden. Diejenigen, die physische Liebe für etwas Unheiliges halten, werden sie auf diese Weise erfahren – nicht weil sie unheilig ist, sondern, weil sie auf diese Weise wahrgenommen wird.

◆

Wenn du verheiratet bist, ist das Verlangen nach sexueller Vereinigung ein wichtiger Teil des Sakramentes. Die Ehe soll eine Umarmung sein, die alle Chakren einbezieht. Sexuelle Leidenschaft ist Teil eines umfassenden Hingezogenseins zu diesem Menschen. Wann immer die Sexualität abgespalten wird, wird sie zu einem Angriff auf den anderen.

Manche Eheleute haben Sex ohne Liebe, ohne Hingabe. Das ist oft der Beginn eines Zersplitterungsprozesses, der in die Untreue mündet.

Wenn gegenseitige Liebe da ist und die Partner sich einander auch emotional hingeben, wird die Sexualität zu einer erhebenden und heiligen Erfahrung. Doch wenn die Kommunikation innerhalb der Beziehung gleichgültig und nachlässig wird, wenn man sich keine Zeit mehr für Intimität nimmt, wird die Beziehung zu einer leeren Hülle, in der man sich versteckt. Dann mangelt es der Beziehung an Energie und Engagement. Und Sex wird zu einem Akt des körperlichen Betrugs.

Abtreibung

„Kann es jemals richtig sein", fragst du, „einem ungeborenen Kind das Leben zu nehmen?" Ich sage dir, dass es niemals und unter keinen Umständen richtig ist, irgendjemandem das Leben zu nehmen. Bedeutet das, dass es nicht geschieht? Nein, mit Sicherheit nicht. Und wenn es geschieht, sollte man Mitgefühl mit allen Beteiligten haben.

Ihr lebt nicht in einer vollkommenen Welt. Indem ihr von anderen erwartet, dass sie vollkommen sind, greift ihr sie an. Das ist nicht im Einklang mit meiner Lehre. Selbst wenn ihr andere als für sündig haltet, ist das eine Form des Angriffs. Greife deinen Bruder oder deine Schwester nicht an. Daraus kann nichts Gutes entstehen.

Das Ego

Dein Ego ist der Teil von dir, der nicht weiß, dass du geliebt wirst. Es ist nicht fähig, Liebe zu geben, weil es nicht weiß, dass es Liebe zu geben hat.

Wenn du dein Ego liebst und akzeptierst, erkennt es, dass es Liebe hat. Die verkrampften Bereiche des Bewusstseins entspannen sich. Der Widerstand schwindet. Sobald das Ego erkennt, dass es Liebe geben kann, hört es auf, Ego zu sein.

Das Ego muss als Ego sterben, um als Liebe wiedergeboren zu werden. Jetzt weißt du, warum die meisten Menschen Widerstand gegen ihre Erleuchtung leisten. Für jemanden, der noch schläft, ist die Vorstellung aufzuwachen Furcht erregend. Deine Angst vor dem Tod und deine Angst vor dem Aufwachen ist die gleiche Angst. Das grenzenlose, universale Selbst wird nicht geboren, bevor das begrenzte, vergängliche Selbst stirbt.

Sterben

Sterben ist eine der besten Möglichkeiten, um zu lernen, wie man im Hier und Jetzt präsent ist. Wenn du schnell aufwachen willst, solltest du es mit Sterben versuchen. Wenn du stirbst, bist du dir der Dinge auf eine Weise bewusst wie nie zuvor. Du nimmst jeden Atemzug, jede Nuance, jede Blume, jedes Wort und jede Geste der Liebe wahr.

Sterben ist wie ein Schnellkurs im Aufwachen. Das bedeutet allerdings nicht, dass jeder, der stirbt, aufwacht. Es bedeutet nur, dass er am Kurs teilgenommen hat.

Das Loslassen bedeutungsloser Identitäten ist ein unvermeidlicher Meilenstein auf dem Weg nach Hause. Je weniger du zu schützen hast, desto glückseliger wird deine Erfahrung sein.

Auch wenn ich nicht so weit gehen würde zu sagen, „Sterben macht Spaß", würde ich doch sagen, dass Sterben nur deshalb „keinen Spaß macht", weil du noch an irgendeinem Rest deiner Identität oder Selbstdefinition hängst.

Neu geboren werden

Ich habe dir gesagt, dass du nicht ins Himmelreich eingehen kannst, wenn du nicht stirbst und neu geboren wirst. Niemand kommt auf diese Erde, ohne den Schmerz des Verlustes zu erleiden. Jede Identität, die du annimmst, wird dir genommen werden, wenn es an der Zeit ist. Jeder Mensch, den du liebst, wird sterben. Es ist nur eine Frage der Zeit. Und es ist ebenfalls nur eine Frage der Zeit, bis du deinen Körper und die Welt hinter dir lassen wirst.

Alle spirituellen Lehren ermahnen dich, dich nicht an die Dinge dieser Welt zu klammern, weil sie nicht von Dauer sind. Und trotzdem klammerst du dich daran. Das gehört zum Prozess deines Erwachens. Sich anklammern und loslassen, umarmen und loslassen. Auf diese Weise wird Liebe vertieft und Weisheit gewonnen.

Du wirst im Laufe deines Lebens viele kleine Tode sterben, viele Male, wenn du die Arme, die dich einst tröstend umfingen, verlassen und allein in eine unsichere Zukunft gehen musst. Jedes Mal, wenn du das tust, werden sich deine Ängste erneut vor dir aufbauen, und du wirst durch sie hindurchgehen müssen. Sei nicht ungeduldig. Niemand wird auf der Stelle neu geboren. Es braucht Zeit. Es ist ein Prozess. Die Flut zieht sich zurück und rollt wieder heran. Die Menschen lassen eine Anhaftung los, nur um sich eine neue zu schaffen, die sie noch mehr herausfordert. Das Leben ist rhythmisch, aber progressiv. Während Erde und Wasser zusammen atmen, verändert sich die Form des Strandes. Stürme kommen und gehen.

Am Ende senkt sich tiefer Friede über dich und erfüllt dein Herz und deinen Geist. Endlich hast du den tiefsten Punkt des Seins erreicht. Hier kommen und gehen die Wasser der Veränderung und die Erde erfreut sich daran, wie ein Liebender, der sich an der spielerischen Berührung seiner Geliebten erfreut.

Mit dem tiefen Annehmen kommt die stille Einsicht, dass alle Dinge vollkommen sind – so, wie sie sind. Das ist die Gnade, die Gegenwart Gottes, die jetzt in deinem Herzen und in deinem Leben Einzug hält.

Auf der Ebene der manifestierten Form kann es keine Dauerhaftigkeit geben. Letztendlich sind alle Formen eine Verzerrung der ursprünglichen Formlosigkeit des Universums. Das Allumfassende, alles Annehmende, alles Liebende kann nicht auf eine Form reduziert werden. Liebe ist frei von Bedingungen. Sie kennt keine Form.

◆

Weder der Tod des Egos noch der Tod des Körpers ist vermeidbar, auch wenn das nicht unbedingt das gleiche ist. Mach nicht den Fehler zu glauben, dass dein Ego stirbt, wenn dein Körper stirbt, oder dass dein Körper stirbt, wenn dein Ego stirbt.

Auferstehung

Wenn du liebevoll handelst und sprichst, ist der heilige Geist in dir und wird auch in anderen erweckt. Dann bist du das Licht der Welt und die physische Realität erscheint dir nicht mehr so dicht wie zuvor. Das ist die eigentliche Bedeutung des Wortes „Auferstehung".

Wenn Liebe da ist, werden der Körper und die Welt auf eine höhere Ebene gehoben. Sie werden vom Licht erfüllt und verwandelt. Die Welt, die du siehst, wenn der heilige Geist in deinem Herzen und in deinem Leben präsent ist, ist nicht mehr die Welt, die du gesehen hast, als du mit deinen egoistischen Bedürfnissen beschäftigt warst. Die Welt, die du siehst, wenn du Liebe gibst, ist nicht die Welt, die du siehst, wenn du Liebe forderst.

Wenn du über den Körper hinausgehen willst, musst du lernen, ihn auf liebevolle Weise zu gebrauchen. Denke und sprich gut von dir selbst und anderen. Sei positiv, konstruktiv und hilfreich. Suche nicht nach Problemen. Halte dich nicht mit dem auf, woran es scheinbar mangelt. Gib Liebe, wann immer sich die Gelegenheit dazu bietet. Schenke sie dir selbst, wenn du traurig bist. Bring sie zu anderen, wenn sie zweifeln oder negativ denken. Sei die Präsenz der Liebe in der Welt. Denn das bist du. Alles andere ist eine Illusion.

Ein Leben im Dienst an anderen

Sobald du zu erkennen beginnst, dass sich deine Bedürfnisse in nichts von den Bedürfnissen anderer Menschen unterscheiden, hebt sich der Schleier. Du hörst auf, nach besonderer Behandlung zu verlangen. Du hörst auf, andere besonders zu behandeln. Was du für einen Menschen wünschst, wünschst du für alle. Für dich ist ein bestimmter Mensch nicht mehr wichtiger als andere Menschen.

Mit der Wahrnehmung der Gleichheit beginnt die Verwandlung des Körpers und der physischen Welt. Alle Körper sind in ihrer Essenz gleich. Alle körperlichen Bedürfnisse sind in ihrer Essenz gleich. Alle emotionalen Bedürfnisse sind im Grunde gleich. Alle Vorstellungen von Trennung sind letztendlich gleich.

Wenn du es nicht mehr nötig hast, dich als von anderen getrennt zu erleben, kannst du ihnen dienen, ohne verstrickt zu sein. Du kannst geben, ohne zu wissen, wie das Geschenk aufgenommen wird.

Dienen ist eine Chance, keine Berufsbeschreibung. Du kannst nicht dienen und gleichzeitig eine Identität haben oder eigene Ziele verfolgen. Du kannst nicht dienen, während du gleichzeitig auf ein Ergebnis fixiert bist.

Wenn du einem anderen Menschen hilfst, hilfst du dir selbst. Du hilfst deiner Mutter und deinem Vater. Du hilfst deinem Vetter dritten Grades. Du hilfst dem Betrunkenen an der Straßenecke. Deine Hilfe erreicht die, die sie brauchen. Hilfe hat nichts mit dir als Helfer oder Hilfeempfänger zu tun, abgesehen von deiner Bereitschaft, im Augenblick zu geben und zu empfangen. Hilfe ist für einen und für alle. Es ist unmöglich, sie einem anzubieten, ohne sie allen anzubieten. Und du kannst sie allen nicht anbieten, wenn du sie einem verweigerst.

Zwei Welten in einer

Es scheint, als gäbe es zwei Welten, aber in Wahrheit gibt es nur eine. Angst ist nichts anderes als ein Mangel an Liebe. Kargheit ist nichts anderes als ein Mangel an Fülle. Groll ist nichts anderes als ein Mangel an Dankbarkeit.

Es kann kein Mangel an etwas herrschen, das nicht zuvor im Überfluss vorhanden war. Ohne Anwesenheit ist Abwesenheit bedeutungslos. Es ist wie ein Versteckspiel. Irgend jemand muss sich zuerst verstecken. Wer wird es sein? Du oder ich? Vielleicht der Schöpfer selbst.

Das spielt in Wirklichkeit keine Rolle. Wenn du an der Reihe bist, wirst du dich verstecken, und dein Bruder wird dich finden, so wie ich ihn gefunden habe. Jeder ist irgendwann an der Reihe, sich zu verstecken, und jeder wird irgendwann gefunden.

Die Welt der Dualität entspringt der Ganzheit und kehrt zu ihr zurück. Was zusammengehört, trennt sich und kommt wieder zusammen. Das ist das Wesen des menschlich-göttlichen Tanzes.

Im Hier und Jetzt leben

Liebe entfaltet sich jetzt

Wenn Liebe da ist, machst du dir keine Sorgen über die Zukunft. Wenn es an Liebe mangelt, willst du Garantien für das Morgen.

Die Liebe manifestiert sich jetzt, in diesem Augenblick. Das Alpha und das Omega der Existenz sind in diesem Augenblick präsent. Es wird nie mehr Liebe geben als jetzt und hier möglich ist. Hast du das gehört? Die größte Liebe, die du je haben kannst, ist jetzt, in diesem Moment verfügbar. Sie kann weder in der Vergangenheit noch in der Zukunft erfahren werden.

Der Himmel ist hier

Du vergibst nicht, um irgendwann in der Zukunft erlöst zu werden. Erlösung erfährst du hier und jetzt. Deine ganze Spiritualität kannst du nur in diesem Moment leben. Sie hat nichts mit irgendetwas zu tun, was du in der Vergangenheit gedacht oder gefühlt hast. Sie entfaltet sich jetzt, unter den momentanen Bedingungen.

Könntest du für einen einzigen Augenblick außerhalb der Zeit sein, dann wüsstest du, was Erlösung bedeutet. In diesem zeitlosen Moment hat nichts, was du je gesagt oder getan hast, die geringste Bedeutung. In diesem Augenblick gibt es nichts zu besitzen: keine Vergangenheit, keine Zukunft, keine Identität. Da ist nur dieser Moment reinen Seins, der Augenblick, in dem du die ganze Zeit über existierst, ohne es zu wissen.

Stell dir vor: Du bist bereits im Himmel und weißt es nicht! Du bist im Himmel, aber der Himmel ist für dich nicht akzeptabel. Der Himmel unterstützt weder dein Ego noch deine Pläne und Träume. Der Himmel interessiert sich nicht für deine Machtkämpfe, deine Lektionen und noch nicht einmal für deinen Vergebungsprozess. Der Himmel will sich deine Seifenoper nicht anschauen, die von Verbrechen und Bestrafung, Sünde und Erlösung handelt. Im Himmel muss nichts in Ordnung gebracht oder repariert werden.

Auch in diesem Moment muss nichts in Ordnung gebracht werden. Erinnere dich daran, und du bist im Himmelreich.

◆

Dunkelheit und Mangel erlebst du nur, wenn du die Situation, in der du dich im Moment befindest, nicht annehmen willst. Wenn du die Situation jedoch betrachtest und dankbar dafür bist, erlebst du nichts als Glückseligkeit.

◆

Versuche nicht, der Dunkelheit zu entfliehen. Versuche nicht, Glückseligkeit zu erreichen. Sei einfach da, wo du bist, und bereit, das, was da ist, zu lieben und anzunehmen.

◆

Glück ist nur im gegenwärtigen Moment möglich. Wenn du dir darüber Gedanken machst, ob du morgen oder in fünf Minuten glücklich sein wirst, kannst du jetzt nicht glücklich sein. Dein Planen und Träumen entfernt dich von deinem gegenwärtigen Glücksgefühl.

Atme einmal tief durch und kehre in dein Herz zurück. Du kannst das ganze Chaos und die Verwirrung in deinem Geist durch die einfache Entscheidung überwinden, hier und jetzt ganz präsent und aufmerksam zu sein. Das ist die wunderbare Wahrheit.

◆

Du glaubst, dass irgendwann in deiner Vergangenheit irgendetwas in dir zerbrochen ist oder dass dir ein paar Dinge abhanden gekommen sind. Aber nichts ist zerbrochen, nichts fehlt. Du bist jetzt, in diesem Augenblick vollkommen und ganz.

Frei von der Vergangenheit

Ich habe dir gesagt, dass du frei bist und das Leben wählen kannst, das du wählen möchtest. „Das ist ja toll", sagst du und deutest auf die Ketten an deinen Füßen. „Wer hat diese Ketten gemacht?"
„Gott hat sie gemacht", rufst du wütend aus. „Nein. Das ist nicht wahr. Gott hat die Ketten nicht gemacht. Hätte er sie gemacht, könntest du nie aus dem Gefängnis deiner Glaubenssätze entkommen."

◆

Solange du die Vergangenheit nicht segnen kannst, wirst du nicht frei von ihr sein und sie hinter dir lassen können. Du kannst nicht „deine Netze verlassen" und den Fisch mitnehmen. Denn der Fisch wird bald verrotten und einen schrecklichen Gestank verbreiten. Die Menschen werden dich schon von weitem daran erkennen. „Da kommt der Fischer", werden sie sagen. Deine Vergangenheit eilt dir voraus. Das ist nicht der Weg zur Freiheit. Wirf die Fische weg. Gib ihnen ihre Freiheit, damit du deine eigene Freiheit beanspruchen kannst.

Über das Hochseil gehen

Je mehr du an der Vergangenheit hängst oder in ein zukünftiges Ergebnis investiert hast, desto schwerer fällt es dir, zu akzeptieren „was ist" und damit zu arbeiten. Was sich in der Vergangenheit abgespielt hat, kann deinen Blick auf das gegenwärtige Geschehen trüben. Es kann dich daran hindern, dich ganz für die Gegenwart zu öffnen. Wenn du beispielsweise von jemandem verletzt worden bist, kann es sein, dass du jetzt Angst davor hast, eine Beziehung mit einem anderen Menschen einzugehen.

Andere Dinge gehören in die Zukunft, nicht in die Gegenwart. Vielleicht möchtest du irgendwann einmal heiraten. Aber wenn du deine gegenwärtige Beziehung stets als potentielle Ehe betrachtest, gibst du ihr vielleicht keine Gelegenheit, sich von selbst zu entfalten. Die Wahrheit ist, dass du nicht ganz genau weißt, was in der Zukunft geschehen wird. Vielleicht hast du eine allgemeine Vorstellung von der Zukunft, die auf der gegenwärtigen Entwicklung der Ereignisse basiert. Vielleicht weißt du, wie der nächste Schritt aussehen wird. Aber das ist so ziemlich alles, was du jetzt wissen kannst.

Damit du in der Gegenwart leben kannst, musst du in dem zentriert bleiben, was du weißt, und Vergangenheit und Zukunft beiseite schieben. Wenn du dich weiterhin mit der Vergangenheit beschäftigst oder versuchst, für die Zukunft zu planen, wirst du dir entweder immer selbst hinterherhinken oder vor dir selbst davonlaufen. Du wirst die Samen des Konflikts in dir und außerhalb von dir säen.

Es ist also ein Balanceakt. Du musst über das Hochseil zwischen Vergangenheit und Zukunft gehen. Und du kannst nicht erwarten, dass dir das gelingt, ohne dass du hin und wieder zur einen oder zur anderen Seite schwankst. Wenn das passiert, musst du dich in die entgegen gesetzte Richtung lehnen, damit du wieder in deine Mitte kommst.

In die Mitte kommen bedeutet, präsent zu sein. Es bedeutet, bei dem zu bleiben, was du weißt, und zu vergessen, was du nicht weißt. Du weißt nicht, ob die Vergangenheit sich wiederholen wird. Du weißt nicht, ob sich deine gegenwärtige Erfahrung in die Zukunft hinein erstrecken wird. Die Dinge können sich ändern oder sie bleiben so. Alte Muster können sich auflösen oder wieder auftauchen. Du weißt es nicht. Du weißt nur, wie du dich mit dem fühlst, was jetzt geschieht. Wenn du dabei bleiben kannst, kannst du in Bezug auf deine Erfahrung ehrlich zu dir selbst und anderen sein. Du kannst sagen, wie weit du dich im Augenblick einlassen kannst oder nicht.

Vielleicht ändern sich die Dinge in der Zukunft, aber du kannst nicht jetzt in der Hoffnung leben, dass sie sich ändern werden. Du musst da sein, wo du bist, nicht da, wo du sein willst.

Das ist ein schwieriges Unterfangen. Die Vergangenheit sagt: „Öffne dich nicht. Es ist zu beängstigend. Erinnerst du dich nicht, was damals geschah, als …?" Die Zukunft sagt: „Das dauert zu lange. Warum springst du nicht einfach hinein und tust es?" Die Vergangenheit versucht, dich zurückzuhalten, die Zukunft versucht, dich anzutreiben. Ein Interessenkonflikt. Die Wahrheit ist, dass du beiden Stimmen lauschen und ihnen versichern musst, dass sie gehört wurden. Dann kannst du wieder ins Gleichgewicht kommen. Dann kannst du versuchen, einen Ort zu finden, der sich jetzt gut für dich anfühlt.

Das muss ein Seiltänzer tun. Er kann sich keine Gedanken darüber machen, dass er in der Vergangenheit das Gleichgewicht verloren hat. Er kann nicht von einer vollkommenen Leistung in der Zukunft träumen. Er muss sich auf das konzentrieren, was jetzt, in diesem Augenblick, geschieht. Er muss einen Fuß vor den anderen setzen. Jeder Schritt ist ein Balanceakt. Jeder Schritt ist ein spiritueller Akt.

Gestern und Morgen

Viele Leute gehen zu Medien, Astrologen und Kartenlegern, weil sie herausfinden wollen, was in der Zukunft geschehen wird. Doch die Zukunft kann nicht vorhergesagt werden.

Ja, es gibt Muster in deinem Leben, die eine bestimmte Richtung vorgeben, aber in jedem Moment hast du erneut die Wahl, die dein Schicksal ändern kann. Leider kannst du den Entscheidungen, die du jetzt treffen musst, umso weniger Aufmerksamkeit schenken, je angestrengter du herauszufinden versuchst, was die Zukunft dir bringen wird.

Die Fixierung auf die Vergangenheit kann sich genauso destruktiv auswirken wie eine übermäßige Beschäftigung mit der Zukunft. Manche Menschen suchen Therapeuten oder Medien auf, um etwas über ihre Vergangenheit zu erfahren, das ihre gegenwärtigen Probleme erklären könnte. Sie versuchen es mit Psychoanalyse, der Arbeit mit dem inneren Kind, Hypnotherapie, Reinkarnationstherapie und so weiter. Einigen mag das auf ihrem Lebensweg weiterbringen, für andere wird es zu einem Sumpf. Ein Instrument, das hilfreich sein sollte, wird zu einem Dogma. Eine Technik, die dazu dienen sollte, die Ursache deines Schmerzes aufdecken zu helfen, wird zu einer Einladung, sich darin zu suhlen und zum Daueropfer zu werden. Diese Ausflüge ins Gestern oder Morgen bringen dich auf deinem spirituellen Weg kaum weiter. Die Dramen, die aus der Vergangenheit oder aus der Zukunft ins Jetzt projiziert werden, sind im Grunde Ablenkungen, die dich von der echten Herausforderung ablenken, nämlich im Hier und Jetzt präsent zu sein.

Frühere Leben

Weil die Gegenwart die einzige Zeit ist, die wirklich existiert, spielen sich alle Inkarnationen gleichzeitig ab. Alle Träume des Selbst sind in diesem Traum enthalten. Deshalb ist es nicht hilfreich, sich Gedanken darüber zu machen, wer man in einem vergangenen Leben war. Vergangene Leben sind nicht realer als vergangene Erfahrungen.

Dein Glaube an die Vergangenheit schränkt deine Fähigkeit, ganz im gegenwärtigen Moment präsent zu sein, deutlich ein. Diese Präsenz ist jedoch notwendig, um aus dem Traum des Selbst-Missbrauchs zu erwachen. Mach dich nicht auf die Suche nach vergangenen Erinnerungen. Wenn sie hochkommen, erkenne sie an, lass sie an dich heran und integriere sie. Doch tu das nicht, um der Vergangenheit Macht über dich zu geben, sondern um sie abzuschließen, damit du jetzt ganz da sein kannst. Alles, was dich von einer unmittelbaren Kommunikation mit dem Leben abhält, ist nicht hilfreich. Wenn du die Vergangenheit erst einmal losgelassen hast, ist sie in deinem Bewusstsein nicht mehr existent. Erinnere dich an die Frage: „Wenn ein Baum im Wald umstürzt und niemand es hört, ist dann ein Geräusch entstanden?" Die Antwort lautet nein. Ohne den Erfahrenden gibt es keine Erfahrung.

Deshalb ist es möglich, sich selbst zu vergeben. Wenn der Erfahrende aufhört, die Erfahrung immer wieder zu durchleben, hört sie auf zu existieren und der Erfahrende kehrt unschuldig und frei von Missbrauch in die Gegenwart zurück.

Gibt es frühere Leben? Nur, wenn du dich daran erinnerst. Und wenn du dich an sie erinnerst, wirst du so lange fortfahren, sie zu durchleben, bis du fähig bist, dir selbst zu vergeben.

Der Schlüssel zu all dem liegt in einer simplen Regel: Sammle kein Holz, wenn du kein Feuer machen willst. Rühre nicht im Topf, es sei denn, du willst die Suppe riechen. Beschwöre die Vergangenheit nicht herauf, wenn du nicht mit ihr tanzen willst.

Doch wenn in deinem Haus ein Feuer ausbricht, musst du deine Sachen nehmen und verschwinden. Wenn die Suppe überkocht, kommst du nicht umhin, sie zu riechen. Und wenn die Vergangenheit in deinem Spiegel tanzt, kannst du nicht vorgeben, im Samadhi zu sein.

Der Widerstand gegen Erfahrungen macht endlose Umwege nötig. Das Suchen auch. Leiste keinen Widerstand. Suche nicht. Setz dich einfach mit dem auseinander, was hochkommt.

Deine Geschichten loslassen

Du brauchst dir keine Gedanken darüber zu machen, was in der Vergangenheit geschehen ist oder was in der Zukunft geschehen wird. Du brauchst nicht noch mehr Geschichten, die dich einlullen.

Deine alten Geschichten verstärken deine Ängste und rechtfertigen deine Selbstschutzrituale. Immer wenn du dich mit dem verbindest, was du willst, verbindest du dich auch mit all den Gründen, warum du es nicht haben kannst. „Du willst deinen Job aufgeben, aber du kannst es nicht ... Du willst dich auf diese Beziehung einlassen, aber du kannst es nicht." Und das geht immer so weiter. Du möchtest etwas Neues in dein Leben bringen und gleichzeitig an deinen alten Gewohnheiten festhalten. Du wünschst dir Veränderung, aber du hast Angst davor.

Dein Schmerz ist eine bekannte Größe. Du willst ihn nicht gegen einen unbekannten Schmerz eintauschen. Du ziehst ein vertrautes Leid einem unbekannten vor. Deshalb wird der heldenhafte Plan zur Veränderung deines Lebens, den der spirituelle Erwachsene gefasst hat, unweigerlich von den Ängsten des inneren Kindes zunichte gemacht, des kleinen Kindes, das nicht glaubt, dass es liebenswert ist, und das sich ein Leben ohne Schmerz deshalb gar nicht vorstellen kann. Das verletzte Kind im Innern hält alles, was Befreiung vom Schmerz verspricht, für einen Trick, der dich dazu verleiten soll, deine Verteidigungsmechanismen fallen zu lassen und dich dem Angriff schutzlos auszuliefern.

In diesen trügerischen Raum der mit sich selbst im Streit liegenden Psyche dringen dann die verschiedenen professionellen „Reparateure" vor: Psychiater, Berater, Priester. Jeder behauptet, die Lösung zu kennen, aber jede angebotene und angenommene Lösung macht das Problem nur noch größer. Professionelle Reparateure glauben an deine innere Zerrissenheit und versuchen, dich zu heilen. Und wenn deine Geschichte nicht „saftig" genug ist, helfen sie dir, sie ein wenig auszuschmücken. Alles dreht sich um Drama, Sünde und Erlösung. Ihnen und auch dir selbst kommt nie in den Sinn, dass vielleicht gar nichts zerbrochen ist, dass vielleicht gar nichts repariert werden muss.

Die äußeren Probleme, die du in deinem Leben wahrnimmst, sind Projektionen des inneren Konflikts: „Ich will, aber ich kann es nicht haben." Wenn du dir erlauben würdest zu haben, was du willst, oder wenn du aufhören würdest, es zu wollen, weil du weißt, dass du es nicht haben kannst, wäre der Konflikt beendet. Zu bekommen, was du willst, oder zu akzeptieren, dass du es nicht haben kannst, beendet den Konflikt.

Es gibt kein Drama des Suchens mehr, wenn du erst einmal Liebe, Freude und Glück gefunden hast.

„Und von da an lebten sie glücklich bis ans Ende ihrer Tage ..." Ende der Geschichte.

Die Wahrheit ist, dass du noch nicht bereit bist, deine Dramen aufzugeben. Deine Geschichte ist Teil deiner Identität geworden. Dein Schmerz ist Teil deiner Persönlichkeit. Du weißt nicht, wer du ohne ihn bist. Dein Drama loszulassen bedeutet zuzulassen, dass sich die Vergangenheit hier und jetzt auflöst.

Wenn du dazu imstande bist, spielt es keine Rolle mehr, was in der Vergangenheit geschehen ist. Es hat keine Macht über dich. Es existiert einfach nicht mehr. Du schreibst auf eine leere Tafel. Das bedeutet, dass du jetzt absolut verantwortlich für deine Entscheidungen bist. Es gibt keine Ausreden mehr. Du kannst das, was dir widerfährt, nicht mehr auf die Vergangenheit oder dein Karma schieben, weil es keine Vergangenheit gibt und auch kein Karma mehr. Wenn du aufhörst, dein Leben auf der Basis dessen zu interpretieren, was gestern oder im letzten Jahr geschah, ist das, was jetzt geschieht, neutral. Es ist, was es ist. Es ist nicht „aufgeladen".

Die Freiheit, in der Gegenwart vollkommen präsent und verantwortlich zu sein, ist überwältigend. Nur wenige Menschen wollen sie wirklich.

Die meisten von euch tragen ihre Vergangenheit wie einen Orden mit sich herum. Ihr bleibt eurem Drama treu, weil ihr es liebt. Und daher müsst ihr all die Wunden heilen, die ihr zu haben glaubt. Es spielt keine Rolle, dass diese Verletzungen nicht real sind. Für euch sind sie real genug.

Freiheit und Sicherheit

Du willst frei sein, aber du willst auch Sicherheit. Versuche einmal, einem Menschen, der im Gefängnis seine drei Mahlzeiten am Tag bekommt, zu erzählen, dass Freiheit ihre eigene Sicherheit mit sich bringt. Er will diese drei Mahlzeiten am Tag um jeden Preis. Erst wenn er sie bekommt, wird er bereit sein, mit dir über Freiheit zu sprechen.

Wie kannst du etwas Neues in dein Leben bringen, wenn du dich an das klammerst, was du bereits hast? Um etwas Neues, etwas Frisches, etwas Unberechenbares hineinzubringen, musst du etwas Altes, Abgestandenes und Gewohntes aufgeben.

Wenn du willst, dass sich die Schöpferkraft in dir manifestiert, musst du alles dreingeben, was nicht kreativ ist. Dann fließt die Kreativität in diesen Raum, der frei geworden ist, weil du das Alte aufgegeben hast.

Wenn die Tasse voll mit abgestandenem, kaltem Tee ist, kannst du keinen frischen, heißen Tee einschenken. Du musst die Tasse ausleeren, bevor du sie neu füllen kannst.

Wenn du dein Drama nicht weiterspielen willst, musst du zunächst herausfinden, was du in dieses Drama investiert hast. Welchen Vorteil ziehst du daraus, nicht zu finden, nicht zu heilen, nicht glücklich bis ans Ende deiner Tage zu leben?

Und dann sei ehrlich. Wenn du nicht durch deinen Schmerz hindurchgehen willst, sag die Wahrheit. Sage: „Ich bin noch nicht bereit, durch meinen

Schmerz hindurch zu gehen." Sag nicht: „Ich wollte, ich könnte mit meinem Schmerz fertig sein, aber es ist nicht möglich". Das ist eine Lüge. Du könntest damit fertig sein, aber du entscheidest dich nicht dafür. Vielleicht genießt du die Aufmerksamkeit, die du als Opfer bekommst.

Du kannst nicht auf einem spirituellen Weg sein, solange du noch die Opferrolle spielst. Wenn du lernst, Verantwortung zu übernehmen, gibt es keine Ausreden. Wenn du nicht bereit bist, sagst du einfach: „Ich bin nicht bereit". Wenn du jedoch bereit bist, entspringt dein Handeln dieser Bereitschaft, und Taten sprechen immer deutlicher als Worte.

Durch geschlossene Türen gehen

Das Leben hat seinen eigenen Rhythmus. Wenn du dich hingibst, wirst du ihn entdecken. Aber es ist nicht so einfach, sich hinzugeben.

Hingabe bedeutet, jeden Augenblick ganz frisch und neu zu erleben. Wenn du dazu fähig sein willst, kannst du nicht an dem festhalten, was gerade geschehen ist. Du kannst es anerkennen. Du kannst es genießen, aber du musst es gehen lassen.

Du kannst nicht kontrollieren, was geschieht. Du kannst nur offen dafür sein oder Widerstand leisten. Wenn du Erwartungen hast, wirst du Widerstand leisten. Leiste keinen Widerstand. Klammere dich nicht an die Vergangenheit und hege keine Erwartungen in Bezug auf die Zukunft. Sei einfach da, wo du bist.

Bring alles ins Hier und Jetzt. Bring dein Anhaften und deine Erwartungen in die Gegenwart. Sei dir deines Widerstandes bewusst. Erkenne das Drama deiner Enttäuschung. Sieh, dass du nicht bekommen hast, was du wolltest. Sieh, welches Gefühl das in dir ausgelöst hat. Beobachte es. Erfahre es. Aber verliere dich nicht im Drama.

Wenn du das Drama einfach sehen kannst, ohne darauf zu reagieren, kannst du im Hier und Jetzt verankert bleiben. Du kannst präsent bleiben. Du kannst sehen, welche Türen geschlossen und welche offen sind.

Versuche nicht, durch geschlossene Türen zu gehen. Du wirst dich nur unnötig verletzten. Wenn du nicht weißt, warum eine Tür verschlossen ist, solltest du zumindest die Tatsache respektieren, dass es so ist. Und kämpfe bitte nicht mit der Türklinke. Allein dein Wunsch, die Tür möge offen sein, wird sie nicht öffnen.

Ein Großteil des Schmerzes in deinem Leben rührt daher, dass du versuchst, durch geschlossene Türen zu gehen oder quadratische Pflöcke in runde Löcher zu rammen. Du versuchst, an jemandem festzuhalten, der im Begriff ist zu gehen, oder willst jemanden dazu zu bringen, etwas Bestimmtes zu tun, bevor er oder sie dazu bereit ist. Anstatt zu akzeptieren, was ist, und damit zu arbeiten, greifst du ein und versuchst es zu manipulieren, um deine scheinbaren Bedürfnisse zu erfüllen.

Das funktioniert ganz offensichtlich nicht. Wenn du in das, was ist, eingreifst, erzeugst du Stress für dich und andere. Du übertrittst Grenzen. Du stellst dich in den Weg. Deshalb ist Bewusstheit nötig. Wenn du weißt, dass die Dinge nicht fließen, musst du innerlich einen Schritt zurücktreten und erkennen, dass deine Aktionen nicht hilfreich sind. Du musst innehalten, eine Pause einlegen und nachdenken. Du musst mit dem aufhören, was du tust, weil es nicht funktioniert und weil du die Situation nicht schlimmer machen willst, als sie bereits ist.

Wenn du innegehalten hast, solltest du deinen Fehler eingestehen – zunächst dir selbst und dann anderen. Das ist der Prozess der Vergebung in seiner einfachsten Form.

Wenn du in die natürliche Ordnung der Dinge eingreifst, wird Leiden die Folge sein. Sobald du aufhörst einzugreifen, hört auch das Leiden auf.

Das Feuer der Veränderung

Die meisten äußeren Veränderungen sind Konsequenzen innerer Veränderungen in Bezug auf Treue und Aufmerksamkeit. Wenn jemand aufhört, sich in einer zwischenmenschlichen Beziehung zu engagieren, verändert sich die Beziehung. Die Energie wird von einer Stelle abgezogen und in eine neue Richtung gelenkt.

Darüber, ob es richtig ist, dass sich ein Mensch aus einer Beziehung zurückzieht, kannst du streiten, bis du schwarz wirst. Es wird nichts dabei herauskommen. Du kannst andere Menschen nicht daran hindern, weiter zu wachsen, selbst wenn du mit ihren Entscheidungen nicht einverstanden bist.

Wenn du genauer hinschaust, wirst du erkennen, dass jeder scheinbare Verlust auch einen unerwarteten Gewinn mit sich bringt. Wenn sich ein Beziehungspartner aus einer Beziehung löst, die sich in Bezug auf Nähe und Intimität nicht mehr weiterentwickelt, wird auch der andere frei.
Genauso ist es mit deiner beruflichen Karriere. Wenn du nicht mehr engagiert bist, fällt sie in sich zusammen. Sie stellt keine Herausforderung mehr dar und du hast nicht mehr so viel Spaß daran wie früher. Du kannst deinem Chef die Schuld an dieser Veränderung geben, aber damit gehst du am Wesentlichen vorbei. Deine Arbeit macht dir keinen Spaß mehr, weil du nicht mehr genug von deiner Liebe, deinem Engagement und deiner Kraft hinein gibst.

Wenn du an deinem Job oder an deiner Beziehung festhältst, wirst du in deinem Leben nicht weitergehen können. Aber du brauchst dich nicht zu wundern, wenn es eine Weile dauert, bis du wirklich loslassen kannst. Wenn in deinem Leben irgendetwas nicht funktioniert, versuchst du oft, es zu „reparieren". Und wenn das nicht gelingt, tust du vielleicht eine Zeitlang so, als wäre alles wieder in Ordnung, obwohl du genau weißt, dass das nicht stimmt. Irgendwann erkennst du, dass dein Herz nicht mehr bei der Sache ist. Erst dann bist du bereit, die Arbeitsstelle oder die Beziehung loszulassen.

Loslassen erfordert beträchtlichen Mut. Etwas aufzugeben, das dich einst glücklich gemacht und dir

Freude geschenkt hat, ist immer mit einem gewissen Maß an Schmerz verbunden. Dann musst du Geduld haben und den Verlust betrauern. Doch wenn die Trauerzeit vorüber ist, wirst du die Dinge mit anderen Augen sehen. Möglichkeiten, die du dir in deinen kühnsten Träumen nicht hättest ausmalen können, kommen auf dich zu.
Wenn das Alte stirbt, wird das Neue geboren. Der Phönix steigt aus der Asche der Zerstörung auf.

Das Feuer der Veränderung ist nie leicht zu ertragen. Doch wenn du dich hingibst, ist dieses reinigende Feuer bald überstanden und du kannst die Samen von morgen in fruchtbareren Boden säen.

Die offene Tür

Deine Engelnatur

Engel sind keine riesengroßen Geschöpfe mit Flügeln. Es sind Wesen, die gelernt haben, sich selbst zu achten. Weil sie durch die Tür gegangen sind, können sie sie für dich aufhalten. Sieh die Engel nicht außerhalb von dir. Dort wirst du sie nicht finden. Sie leben in einer Dimension, mit der du nur über dein Herz in Berührung kommen kannst.

Auf die offene Tür warten

Wenn eine Tür geschlossen ist, musst du geduldig warten, bis sich eine andere öffnet. Wenn du bereit bist, dir selbst und anderen zu vergeben, wirst du nicht allzu lange warten müssen. Nur wenn du an deinen Verletzungen und an deinem Schmerz festhältst, bleiben die Türen verschlossen.

Es ist nicht besonders hilfreich, wie besessen um vergangene Fehler zu kreisen und sich ihretwegen schlecht zu fühlen. Schuldgefühle tragen nicht dazu bei, dass du dich anderen gegenüber verantwortlicher verhältst. Aber aus Fehlern zu lernen ist hilfreich. So kannst du in Zukunft verantwortungsvoller handeln und in deinem Leben weitergehen.

Solche Anpassungen sind ein natürlicher Teil einer harmonischen Lebensweise. Du kannst nicht immer alles richtig machen. Du wirst Fehler machen, aber wenn du sie eingestehst und korrigierst, kannst du auf deinem Weg bleiben. Weitere Türen werden sich für dich öffnen.

Du erfährst Gnade, wenn die Korrektur permanent stattfindet. Dann spielt es keine Rolle, wie oft du vom Weg abkommst oder etwas falsch machst. Dann kannst du über deine Irrtümer lachen und sie hinter dir lassen.

Schuldgefühle sind nicht konstruktiv. Wenn du nichts tun kannst, um die Situation zu verbessern, dann akzeptiere sie, wie sie ist. Manchmal kann man nichts tun. Niemand ist schuld daran. Das Leben ist nun einmal so. Und es ist in Ordnung.

Die Einsicht, dass das Leben in Ordnung ist, wie zerrissen und unvollkommen es auch sein mag, schafft Raum für neue Bewegung. Etwas kann sich plötzlich ändern. Eine Tür kann sich öffnen.

Die wichtigste Tür ist die, die zu deinem Herzen führt. Wenn sie offen ist, trägst du das ganze Universum in dir. Ist sie jedoch verschlossen, stehst du der Welt allein gegenüber.

Vertraue, und der Fluss fließt durch dein Herz. Vertraue nicht, und der Fluss wird von einem Damm zurückgehalten.

Ein Herz, das sich im Widerstand erschöpft, wird schnell müde. Das Leben zehrt zu stark an ihm. Ein offenes Herz ist voller Energie. Es tanzt und singt. Wenn die Tür deines Herzens offen ist, öffnen sich alle wichtigen Türen der Welt für dich. Du gehst, wohin du gehen musst. Nichts stellt sich deiner Bestimmung oder deinem Schicksal in den Weg. Alles, was du bist, entfaltet sich ganz natürlich zu seiner Zeit, ohne Kampf oder Beschränkung.

Der Tanz des Annehmens

Annehmen ist ein lebenslanger Tanz. Du wirst immer besser darin, je öfter du ihn tanzt. Aber perfekt wirst du nie. Ängste und Widerstände werden immer wieder hochkommen, und dann tust du dein Bestes.

Im Tanz des Annehmens wird Unbewusstes bewusst. Deine Angst wird zu deinem Tanzpartner. Du tanzt mit dem Inneren und dem Äußeren. Du tanzt mit dem, was geschieht, und mit dem, was du darüber denkst und dabei empfindest.

Nie kannst du die Tanzfläche verlassen, um ein Nickerchen zu machen. Manchmal wirst du müde und rufst: „Ich will nicht mehr tanzen." Doch dann verliebst du dich plötzlich oder irgend jemand macht dir ein geschäftliches Angebot, das du einfach nicht ausschlagen kannst. Sobald du wirklich begriffen hast, dass der Kaiser keine Kleider hat, steht sein Modeschöpfer mit den neuesten Kreationen vor der Tür. Wie sehr du dich auch anstrengst, du kannst nicht aus dem Drama aussteigen. Du kannst den Tanz nicht stoppen. Der Tanz geht weiter, mit dir oder ohne dich. Fehler gehören dazu. Aber manche Menschen wissen das nicht. Ihr Geschäft geht bankrott oder ihr Partner verlässt sie, und sie schießen sich eine Kugel in den Kopf. Sie spielen um sehr hohe Einsätze.

Je unglücklicher du bist, desto schwieriger wird der Tanz, denn du musst mit deinem Unglücklichsein tanzen. Deshalb ist das Annehmen als spirituelle Praxis so wichtig. Je mehr du dein Leben akzeptierst, wie es ist, desto leichter wird der Tanz.

Die Poesie des Seins

Die einfache Schönheit und Großartigkeit des Lebens offenbart sich in seinen natürlichen Kreisläufen: im Auf- und Untergehen der Sonne, in den Mondphasen, im Wechsel der Jahreszeiten, in den Rhythmen des Herzschlags und der Atmung.

Wiederholung schenkt Vertrautheit, Kontinuität, Sicherheit. Doch leider sind heutzutage viele Menschen von den Rhythmen der Natur und von den Rhythmen ihres eigenen Körpers abgeschnitten. Das ist eine der Tragödien des modernen Lebens. Die Verbindung zur Erde, zum physischen Körper, zum Atem ist unterbrochen.

Veränderungen vollziehen sind ständig, und niemand hat mehr genug Zeit, sich gründlich damit auseinanderzusetzen und sie zu integrieren. Beziehungen beginnen und enden, bevor die Partner überhaupt miteinander vertraut werden konnten. Emotionale Forderungen reißen Krater in die Landschaft des Herzens und zerstören das zarte Gewebe.

Vertrauen wird missbraucht, Geduld ist ein Fremdwort geworden.

Je instabiler das Leben zu werden scheint, desto stärker fühlen sich die Menschen zu Autoritätspersonen hingezogen, die ihnen „Sicherheit" versprechen. Die Leute heiraten Autoritätspersonen. Sie wählen sie. Sie besuchen ihre Kirchen und schließen sich ihren Sekten an. Doch nach und nach werden diese Autoritätsfiguren als Betrüger entlarvt und Ihre Anhänger müssen die Scherben ihres eigenen Lebens zusammenkehren.

Alle, die nach den Sternen greifen, ohne sich fest in der Erde zu verwurzeln, werden durch ihre Erfahrungen eines Besseren belehrt. Irgendwann kehren sie mit der Schaufel in der Hand zurück und beginnen mit der „Basisarbeit". Alles, was in den Himmel schießt, fällt wieder herunter und bleibt verletzt und verlassen liegen. Was wurzellos ist, wird lernen, Wurzeln auszutreiben. Wer im Außen nach Autorität suchte, wird lernen, sie im eigenen Innern zu finden.

Und dann wird man – mit beiden Beinen fest auf dem Boden – mit den Augen dem Lauf der Sonne und des Mondes folgen. Die Sinne werden das Aufsteigen der Säfte im Frühling wahrnehmen und das Fallen der Blätter im Herbst. Die natürlichen Rhythmen werden wiederhergestellt. Sicherheit wird wieder dort herrschen, wo ihr Platz ist – im Herzen jedes einzelnen Menschen.

Nicht nur dadurch, dass du deine Hände gen Himmel streckst, sondern auch dadurch, dass du fest in der Erde verwurzelt bist, bringst du den Himmel auf die Erde. Spiritualität ist sowohl ein „Leben mit" als auch ein „Leben für". Sie ist die Poesie des Seins, der Rhythmus des Lebens, der sich in jedem Menschen und in jeder Beziehung von Augenblick zu Augenblick entfaltet.

Wenn der Schnee fällt

Wenn der Schnee fällt, hüllt er alles in einen weißen Mantel: Erde, Bäume und anderen Pflanzen, Häuser und Straßen. Alles sieht frisch, neu und unschuldig aus. Genau so kommt Vergebung zu uns. Sie macht die Verletzungen der Vergangenheit vergessen und ersetzt Urteile durch Akzeptanz. Im Licht der Vergebung betrachtest du deine Probleme und Herausforderungen mit anderen Augen. Du fühlst dich stark genug, deinem Leben zu begegnen, und zwar so, wie es ist.

Wenn du in die verschneite Landschaft hinausgehst, lässt du frische Fußspuren zurück. Das Versteckspiel hat ein Ende, du täuschst nichts mehr vor. Du schreitest mutig voran und jeder kann dir folgen. Vergebung ist so grenzenlos wie der Schnee. Sie berührt alles in deinem Leben. Aber du musst bereit sein, sie anzunehmen, so wie die Erde den Schnee annimmt. Du musst bereit sein, dich von etwas ergreifen und reinigen zu lassen, das größer ist als du selbst.

In jeder guten Partnerschaft verzeihen die Partner einander immer wieder. Ohne Vergebung kann es keine echte Verbindung zwischen zwei Menschen geben. Vielmehr werden alte Wunden durch unterschwelligen Groll immer wieder aufgerissen. So kann es nicht funktionieren. Negative Gedanken und emotionale Zustände müssen täglich bereinigt werden. Geht nicht mit Zorn auf den anderen zu Bett. Lasst die Sonne nicht untergehen, ohne euch versöhnt zu haben. Pflegt und nährt eure Beziehungen. Seid bereit, Gedanken und Gefühle loszulassen, die nur verletzend und trennend wirken können.

Findet in eurem gemeinsamen Tanz eine Möglichkeit, weicher zu werden und wieder zusammenzukommen, wenn ihr euch wütend oder verletzt fühlt. Geht als Ebenbürtige aufeinander zu und gesteht euch eure Angst ein. Gebt euer Bedürfnis auf, Recht zu haben und den anderen ins Unrecht zu setzen. Ihr habt beide Recht mit eurem Wunsch, geliebt und respektiert zu werden. Ihr habt beide Unrecht mit eurem Versuch, den anderen für euer Unglücklichsein verantwortlich zu machen.

Beziehungen sind ein Tanz in einer Arena der Verletzungen. Wie sehr du auch versuchst, alles zu vermeiden, was deinen Bruder verletzen könnte – er wird dennoch immer wieder vor Schmerz aufschreien. Deine Angst wird von seiner Angst geweckt und umgekehrt. Niemand ist daran schuld. So ist es nun einmal.

Wenn ihr lange genug getanzt habt, nehmt ihr das Drama nicht mehr so persönlich. Es wird euch immer besser gelingen, euch von eurem Schmerz zu entfernen und auf eure Freude zuzubewegen. Wenn ihr das tut, verändert sich die Atmosphäre auf der Tanzfläche. Möglichkeiten, die ihr zuvor nicht sehen konntet, tun sich auf.

Manchen erscheint die irdische Reise wie eine mühevolle Wanderung durch ein von Wolken verhangenes Tal der Tränen. Doch selbst auf solchen Wanderungen gibt es Augenblicke, in denen die Sonne hervorkommt und sich ein Regenbogen am Himmel zeigt, Momente, in denen der Schmerz plötzlich verschwunden ist und das Herz sich mit unerwarteter Freude füllt. Auch wenn der Tanz schwierig ist, ist man dankbar für die Gelegenheit, teilzunehmen und zu lernen.

Es ist wahr, dass ihr Widerstand leistet und euch manchmal sogar weigert, eure Lektionen zu lernen. Aber irgendwann habt ihr sie verstanden. Ihr bewegt euch vorwärts und aufwärts und dabei wird euer Körper vom Geist durchdrungen. Ihr, die ihr euch einst mit einem speziellen Ego und einem speziellen Körper identifiziert habt, werdet schließlich frei sein, um bedingungslos lieben und die Liebe, die euch entgegen gebracht wird, ohne Abwehr oder Widerstand annehmen zu können.

Das ist die Essenz eurer Reise auf dieser Erde. Es ist eine gute Reise. Nehmt euch Zeit, sie zu würdigen und zu genießen. Macht eure Augen auf, um die Sonne durch die Wolken hindurchblinzeln zu sehen. Seht das Licht, das vom verschneiten Boden und den Schnee bedeckten Ästen der Tannen zurückgeworfen wird: funkelndes Licht, das in alle Richtungen strahlt und euch alle einhüllt, hier und jetzt.

Paul Ferrini bei
AURUM

**Das wichtigste Buch, das ich je gelesen habe.
Ich studiere es wie die Bibel.**

Elisabeth Kübler Ross

Paul Ferrini
**Denn Christus lebt in jedem
von euch**

164 Seiten, gebunden
ISBN 3-591-08446-8

Meine Erfahrung auf dieser Erde war keineswegs anders als deine. Ich kenne jedes Verlangen und jede Angst, denn ich habe alles durchlebt. Und ich wurde nicht durch höhere Fügung daraus erlöst. Wie du siehst, bin ich kein besserer Tänzer als du. Ich habe einfach nur mehr Bereitschaft gezeigt, teilzunehmen und zu lernen, und das ist alles, was ich von dir verlange: Sei bereit. Nimm teil. Berühre und lass dich berühren. Öffne deine Arme für das Leben und lass zu, dass es dein Herz berührt.

Paul Ferrini bei
AURUM

Paul Ferrinis Werk ist ein Muss für alle, die bereit sind, Verantwortung für ihre eigene Heilung zu übernehmen.

John Bradshaw

Paul Ferrini
Die Wunder der Liebe
160 Seiten, gebunden
ISBN 3-89901-458-8

Wenn mein Leben eine Bedeutung für dich haben soll, musst du wissen, dass ich nicht den Anspruch erhebe, etwas Besonderes zu sein. Halte mich nicht auf Abstand. Umarme mich als Wesen, das dir gleich ist. Erinnere dich daran, was du durch meine Kraft in deinem eigenen Leben bewirkt hast, und halte dich nicht damit auf, die "Wunder" zu bestaunen, die ich gewirkt habe. Die Macht der Liebe wird Wunder in dein Leben bringen, die denen, die ich gewirkt habe, in nichts nachstehen.

Paul Ferrini bei
AURUM

Paul Ferrini ist ein neuer Khalil Gibran – ein Dichter, Mystiker und Verkünder der Wahrheit.

Larry Dossey

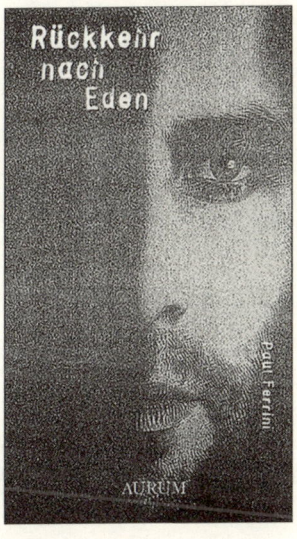

Paul Ferrini
Rückkehr nach Eden
160 Seiten, gebunden
ISBN 3-591-08461-1

Im Garten Eden hatten wir alles, was wir brauchten. Wir waren Gottes geliebte Kinder. Aber das Glück war uns nicht genug. Wir wollten Freiheit, die Freiheit, unser eigenes Leben zu führen. Auf unserem Weg zurück nach Eden sind wir nicht mehr die Menschen, die wir waren, als wir von dort weggingen, um unsere eigenen schöpferischen Ideen um jeden Preis in die Tat umzusetzen. Wir kommen bescheiden und demütig zurück, mit einem Gefühl für die Bedürfnisse des Lebens. Wir kommen zurück nicht nur als Geschöpfe, sondern als Mitschöpfer, nicht nur als Menschen, sondern als Söhne und Töchter Gottes.